做一个理想的法律人
To be a Volljurist

法律人进阶译丛【法学拓展】
李 昊 / 译丛主编

奥地利民法概论

与德国法相比较

Austrian Private Law
An Overview in Comparison
with German Law

〔奥〕伽布里菈·库齐奥 /著
〔奥〕海尔穆特·库齐奥

张玉东 /译

北京大学出版社
PEKING UNIVERSITY PRESS

图书在版编目(CIP)数据

奥地利民法概论：与德国法相比较/(奥地利)伽布里茜·库齐奥,(奥地利)海尔穆特·库齐奥著；张玉东译. —北京：北京大学出版社,2019.1
（法律人进阶译丛）
ISBN 978-7-301-29478-9

Ⅰ.①奥… Ⅱ.①伽… ②海… ③张… Ⅲ.①民法—对比研究—奥地利、德国 Ⅳ.①D952.13 ②D951.63

中国版本图书馆 CIP 数据核字(2018)第 084210 号

书　　名	奥地利民法概论——与德国法相比较 AODILI MINFA GAILUN——YU DEGUO FA XIANG BIJIAO
著作责任者	〔奥〕伽布里茜·库齐奥　〔奥〕海尔穆特·库齐奥　著　张玉东　译
丛书策划	陆建华
责任编辑	王建君
标准书号	ISBN 978-7-301-29478-9
出版发行	北京大学出版社
地　　址	北京市海淀区成府路 205 号　100871
网　　址	http://www.pup.cn　http://www.yandayuanzhao.com
电子邮箱	编辑部 yandayuanzhao@pup.cn 总编室 zpup@pup.cn
新浪微博	@北京大学出版社　@北大出版社燕大元照法律图书
电　　话	邮购部 010-62752015　发行部 010-62750672 编辑部 010-62117788
印　刷　者	北京虎彩文化传播有限公司
经　销　者	新华书店
	880 毫米×1230 毫米　A5　5.25 印张　100 千字 2019 年 1 月第 1 版　2024 年 12 月第 2 次印刷
定　　价	29.00 元

未经许可，不得以任何方式复制或抄袭本书之部分或全部内容。
版权所有，侵权必究
举报电话：010-62752024　电子邮箱：fd@pup.cn
图书如有印装质量问题，请与出版部联系，电话：010-62756370

"法律人进阶译丛"编委会

主　编

李　昊

编委会

（按姓氏音序排列）

班天可	陈大创	季红明	蒋　毅	李　俊
李世刚	刘　颖	陆建华	马强伟	申柳华
孙新宽	唐波涛	唐志威	吴逸越	夏昊晗
徐文海	叶周侠	查云飞	翟远见	张焕然
	张　静	张　挺	章　程	

做一个理想的法律人（代译丛序）

近代中国的法学启蒙受自日本，而源于欧陆。无论是法律术语的移植、法典编纂的体例，还是法学教科书的撰写，都烙上了西方法学的深刻印记。即使是中华人民共和国成立后兴盛过一段时期的苏俄法学，从概念到体系仍无法脱离西方法学的根基。20世纪70年代末，借助我国台湾地区法律书籍的影印及后续的引入，以及诸多西方法学著作的大规模译介，我国大陆重启的法制进程进一步受到西方法学的深刻影响。当代中国的法律体系可谓奠基于西方法学的概念和体系之上。

自20世纪90年代开始的大规模的法律译介，无论是江平先生挂帅的"外国法律文库""美国法律文库"，抑或舒国滢先生等领衔的"西方法哲学文库"，以及北京大学出版社的"世界法学译丛"、上海人民出版社的"世界法学名著译丛"，诸多种种，均注重于西方法哲学思想尤其英美法学的引入，自有启蒙之功效。不过，或许囿于当时西欧小语种法律人才的稀缺，这些译丛相对忽略了以法律概念和体系建构见长的欧陆法学。弥补这一缺憾的重要转变，应当说始自米健教授主持的"当代德国法学名著"丛书和吴越教授主持的"德国法学教科书译丛"。以梅迪库斯教授的《德国民法总论》为开篇，德国法学擅长的体系建构之术和鞭辟入里的教义分析方法进入我国大陆法学的视野，辅以崇尚德国法学的我国台湾地区法学教科书和专著的引入，德国法学在我国大陆当前的法学教育和法学研究中日益受到尊崇。然而，"当代德国法学名著"丛书虽然遴选了德国当代法学著述中的上乘之作，但囿于撷取名著的局限及外国专家的视角，丛书采用了学科分类的标准，而未区分注重体系层次的基础教科书与偏重思辨分析的学术专著，与戛然而止的"德国法学教科书译丛"一样，在基础教科书书目的选择上尚未能充分体现当代德国法学教育的整体面貌，是为缺憾。

职是之故，自2009年始，我在中国人民大学出版社策划了现今的"外国法学教科书精品译丛"，自2012年出版的德国畅销的布洛克斯和瓦尔克的《德国民法总论（第33版）》始，相继推出了韦斯特曼的《德国民法基本概念（第16版）（增订版）》、罗歇尔德斯的《德国债法总论（第7版）》、多伊奇和阿伦斯的《德国侵权法（第5版）》、慕斯拉克和豪的《德国民法概论（第14版）》，并将继续推出一系列德国主流的教科书，涵盖了德国民商法的大部分领域。该译丛最初计划完整选取德国、法国、意大利、日本诸国的民商法基础教科书，以反映当今世界大陆法系主要国家的民商法教学的全貌，可惜译者人才梯队不足，目前仅纳入"日本侵权行为法"和"日本民法的争点"两个选题。

系统译介民商法之外的体系教科书的愿望在结识季红明、查云飞、蒋毅、陈大创、葛平亮、夏昊晗等诸多留德小友后得以实现,而凝聚之力源自对"法律人共同体"的共同推崇,以及对案例教学的热爱。德国法学教育最值得我国法学教育借鉴之处,当首推其"完全法律人"的培养理念,以及建立在法教义学基础上的以案例研习为主要内容的教学模式。这种法学教育模式将所学用于实践,在民法、公法和刑法三大领域通过模拟的案例分析培养学生体系化的法律思维方式,并体现在德国第一次国家司法考试中,进而借助于第二次国家司法考试之前的法律实训,使学生能够贯通理论和实践,形成稳定的"法律人共同体"。德国国际合作机构(GIZ)和国家法官学院合著的《法律适用方法》(涉及刑法、合同法、物权法、侵权法、劳动合同法、公司法、知识产权法等领域,由中国法制出版社出版)即是德国案例分析方法中国化的一种尝试。

基于共同创业的驱动,我们相继组建了中德法教义学QQ群,推出了"中德法教义学苑"微信公众号,并在《北航法律评论》2015年第1辑策划了"法教义学与法学教育"专题,发表了我们共同的行动纲领:《实践指向的法律人教育与案例分析——比较、反思、行动》(季红明、蒋毅、查云飞执笔)。2015年暑期,在谢立斌院长的积极推动下,中国政法大学中德法学院与德国国际合作机构法律咨询项目合作,邀请民法、公法和刑法三个领域的德国教授授课,成功地举办了第一届"德国法案例分析暑期班"并延续至今。2016年暑期,季红明和夏昊晗也积极策划并参与了由西南政法大学黄家镇副教授牵头、民商法学院举办的"请求权基础案例分析法暑期研习班"。2017年暑期,加盟中南财经政法大学法学院的"中德法教义学苑"团队,成功举办了"案例分析暑期培训班",系统地在民法、公法和刑法三个领域以德国的鉴定式模式开展了案例分析教学。

中国法治的昌明端赖高素质法律人才的培养。如中国诸多深耕法学教育的启蒙者所认识的那样,理想的法学教育应当能够实现法科生法律知识的体系化,培养其运用法律技能解决实践问题的能力。基于对德国奠基于法教义学基础上的法学教育模式的赞同,本译丛期望通过德国基础法学教程尤其是案例研习方法的系统引入,能够循序渐进地从大学阶段培养法科学生的法律思维,训练其法律适用的技能,因此取名"法律人进阶译丛"。

本译丛从法律人培养的阶段划分入手,细分为五个子系列:

——法学启蒙。本子系列主要引介关于法律学习方法的工具书,旨在引导学生有效地进行法学入门学习,成为一名合格的法科生,并对未来的法律职场有一个初步的认识。

——法学基础。本子系列对应于德国法学教育的基础阶段,注重民法、刑法、公法三大部门法基础教程的引入,让学生在三大部门法领域中能够建立起系统的知识体系,同时也注重扩大学生在法理学、法律史和法学方法等基础学科上的知识储备。

——法学拓展。本子系列对应于德国法学教育的重点阶段,旨在让学生能够在三大部门法的基础上对法学的交叉领域和前沿领域,诸如诉讼法、公司法、劳动法、医疗法、网络法、工程法、金融法、欧盟法、比较法等有进一步的知识拓展。

——案例研习。本子系列与法学基础和法学拓展子系列相配套,通过引入德国的鉴定式案例分析方法,引导学生运用基础的法学知识,解决模拟案例,由此养成良好的法律思维模式,为步入法律职场奠定基础。

——经典阅读。本子系列着重遴选法学领域的经典著作和大型教科书(Grosse Lehrbücher),旨在培养学生深入思考法学基本问题及辨法析理之能力。

我们希望本译丛能够为中国未来法学教育的转型提供一种可行的思路,期冀更多法律人共同参与,培养具有严谨法律思维和较强法律适用能力的新一代法律人,建构法律人共同体。

虽然本译丛先期以择取的德国法学教程和著述为代表,但是并不以德国法独尊,而是注重以全球化的视角,实现对主要法治国家法律基础教科书和经典著作的系统引入,包括日本法、意大利法、法国法、荷兰法、英美法等,使之能够在同一舞台上进行自我展示和竞争。这也是引介本译丛的另一个初衷:通过不同法系的比较,取法各家,吸其所长。也希望借助于本译丛的出版,展示近二十年来中国留学海外的法学人才梯队的更新,并借助于新生力量,在既有译丛积累的丰富经验基础上,逐步实现对外国法专有术语译法的相对统一。

本译丛的开启和推动离不开诸多青年法律人的共同努力,在这个翻译难以纳入学术评价体系的时代,没有诸多富有热情的年轻译者的加入和投入,译丛自然无法顺利完成。在此,要特别感谢积极参与本译丛策划的诸位年轻学友和才俊,他们是:留德的季红明、查云飞、蒋毅、陈大创、黄河、葛平亮、杜如益、王剑一、申柳华、薛启明、曾见、姜龙、朱军、汤葆青、刘志阳、杜志浩、金健、胡强芝、孙文、唐志威,留日的王冷然、张挺、班天可、章程、徐文海、王融擎,留意的翟远见、李俊、肖俊、张晓勇,留法的李世刚、金伏海、刘骏,留荷的张静,等等。还要特别感谢德国奥格斯堡大学法学院的托马斯·M. J. 默勒斯(Thomas M. J. Möllers)教授慨然应允并资助其著作的出版。

本译丛的出版还要感谢北京大学出版社学科副总编辑蒋浩先生和策划编辑陆建华先生,没有他们的大力支持和努力,本译丛众多选题的通过和版权的取得将无法达成。同时,本译丛部分图书得到中南财经政法大学法学院徐涤宇院长大力资助。

回顾日本的法治发展路径,在系统引介西方法律的法典化进程之后,将是一个立足于本土化、将理论与实务相结合的新时代。在这个时代中,中国法律人不仅需要怀抱法治理想,还需要具备专业化的法律实践能力,能够直面本土问题,发挥专业素养,推动中国的法治实践。这也是中国未来的"法律人共同体"面临的历史重任。本译丛能预此大流,当幸甚焉。

李　昊

2018 年 12 月

序

在我国法治化进程中,比较法研究起到了重要的推动作用。"善于学习外国的立法经验,借鉴人类法治文明的成果",不仅是我国民事立法的重要指导思想和原则,也是对我国民法发展经验的重要总结,诸如《民法总则》《合同法》《物权法》《侵权责任法》等民商事法律的制定及诸多民商事司法解释的出台均充分借鉴了比较法上的经验。可以说,比较法研究对我国民事立法及司法实践提供了不可忽视的智力支持。当然,这不仅是立法机关及司法机关智慧的体现,也与众多民法学人的不懈努力密不可分。

近些年,民法学界对比较法的研究呈现了更为系统和深化的趋势,研究对象不再局限于少数欧美国家,更多的经典著述不断被引入,且在借鉴的同时也提出了反思。毫无疑问,这些比较法研究的成果均会继续直接或间接地影响我国的民商事立法及司法实践。尤其在我国已再次开启民法典编纂的背景下,比较法研究有着更为重要的意义。诚如本书作者所言:"对不同国家的法律制度进行比较,总是会获得一些新的洞见,同时也会促使人们更为深入地理解本国的制度。"长期以来，国内学界对于奥地利民法并无更多的了解，除去已有的两个《奥地利普通民法典》译本之外，关于奥地利民法的中文译介十分少见。因此，《奥地利民法概论——与德国法相比较》一书被译成中文，可以在一定程度上弥补我国学界对奥地利民法研究的不足。

值得一提的是，本书作者在了解到德国民法对我国民法的影响之后，其对奥地利民法相关制度的介绍并非仅限于一般性叙述，而是采取了与德国法相比较的视角，如此可使读者更为清晰地了解奥地利民法与德国民法在相关问题处理上的不同路径及其自身所具有的特色。同时，作者在介绍中不仅有理论上的阐述，也以相关案例为例证，这也使读者更易于了解奥地利民法制度的具体运行情况。

海尔穆特·库齐奥教授是奥地利民法专家，也是国际上享有盛誉的侵权法专家。我与教授相识近十年，彼此之间结下了深厚的友谊。在本书中文版出版之际，教授希望我作序，我也非常愿意将这本凝结了库齐奥教授父女心血的作品推荐给大家。

吉林大学法学院"长江学者"特聘教授
房绍坤
2018 年 6 月 2 日

自 序

《奥地利民法概论——与德国法相比较》一书在一定程度上是我们几年前在烟台大学法学院所作的系列讲座的扩展版。在中国，相较于众所周知的德国民法，少有关于奥地利民法的资料可资利用，而后者相较于前者又有很大不同。因此，烟台大学法学院副教授、中欧侵权法研究院执行院长张玉东先生建议我们将前述系列讲座的内容扩展后在中国出版。奥地利民法与德国民法不同的原因在于，《奥地利普通民法典》是基于启蒙时代的思想而制定的，而《德国民法典》的制定晚于前者将近一百年，是学说汇纂学派的产物。我们认为，让中国法律人有机会比较奥地利民法和德国民法是有益的。因为，一方面，德国民法在中国更为人们所熟知；另一方面，将两种欧陆法律制度进行比较似乎也是一件有趣的事情。

为了更好地对奥地利民法进行说明，我们将抽象的描述与假设的案例相结合，这能够使读者更好地理解相关规则是如何适用的。

我们非常感谢张玉东先生将此英文原稿翻译成中文。如此，中国法律同行能够更为容易地了解奥地利民法的相关内容，我们也期待诸位同行能够通过此书获得一些有趣的洞见。

伽布里菈·库齐奥
海尔穆特·库齐奥
东京、维也纳，2018 年 1 月

目　录

第一章　**导言** / 001
　　一、《奥地利普通民法典》制定的历史
　　　　背景 / 001
　　二、《奥地利普通民法典》的特征 / 003

第二章　**人** / 009
　　一、法律主体与法律客体 / 009
　　二、自然人 / 010
　　三、法人 / 013

第三章　**合同法** / 015
　　一、抽象允诺或要因允诺 / 015
　　二、合同无效 / 017
　　三、基于错误的撤销 / 020
　　四、代理 / 025
　　五、不履行 / 028
　　六、诚实信用 / 032

第四章 不当得利法 / 039

一、概述 / 039

二、给付型不当得利 / 040

三、侵害型不当得利 / 042

四、《奥地利普通民法典》第 1042 条 / 044

第五章 无因管理法 / 047

第六章 损害赔偿法 / 051

一、导论 / 051

二、责任构成的一般要件 / 054

三、过错责任 / 055

四、对自身无过错行为的责任 / 058

五、替代责任 / 060

六、基于物之危险性的责任 / 062

七、产品责任 / 063

八、与有过失 / 064

九、损害赔偿 / 065

十、责任限制 / 069

第七章 权利的移转 / 073

一、概论 / 073

二、通过合同让与权利情形下的权利移转 / 075

三、对债务人的保护 / 077

四、受让人的地位 / 077

第八章 **诉讼时效** / 079

一、概论 / 079

二、时效期间 / 080

第九章 **物权法** / 083

一、物的概念 / 083

二、占有 / 085

三、所有权的转移 / 086

四、共同所有权与区分所有权 / 094

五、担保法 / 095

第十章 **家庭法** / 101

一、导言 / 101

二、订婚 / 102

三、结婚 / 103

四、婚姻财产法 / 108

五、离婚 / 109

六、子女 / 111

七、收养 / 113

第十一章 **继承法** / 115

一、导论 / 115

二、遗产的取得 / 117

三、法定继承 / 119

四、遗嘱继承 / 122

第十二章　案例分析 / 129

案例一 / 129

案例二 / 131

案例三 / 133

案例四 / 137

参考文献 / 139

缩略语表 / 143

第一章

导言

这本《奥地利民法概论》是在假定您已对德国民法有一定程度了解的前提之下而撰写的。本书对合同法、不当得利法、侵权法、物权法、家庭法以及继承法领域中最为重要的议题进行了集中阐述,奥地利民法的特色也会在与德国法的比较论述中得以体现。因此,我们希望通过本书的阐释使奥地利民法更易于理解,并基于此而充分展现解决一些重要问题的不同路径。对不同国家的法律制度进行比较,总是会获得一些新的洞见,同时也会促使人们更为深入地理解本国的制度。例如,通过比较,人们会发现在本国法上被认为是理所当然的规则事实上是存在问题的;比较研究对一国法上疑难问题的解决也会有所助益。

一、《奥地利普通民法典》制定的历史背景

《奥地利普通民法典》(*Allgemeines Bürgerliches Gesetzbuch*,ABGB)生效于两百多年前,即 1812 年的 1 月 1 日。然而,

法典编纂的准备工作在18世纪下半叶即已开始。因此，其与1804年的《法国民法典》及1794年的《普鲁士普通邦法》均属同一时期的法典。这三部法典，均为启蒙时代的产物。彼时，启蒙运动遍及18世纪的欧洲，基于理性的力量以寻求改革的实施。启蒙运动使人们相信人类有能力构建出一个理性、清晰且全面的法律制度。这一理念与自然法运动紧密相关，后者对《奥地利普通民法典》产生了极大的影响。基于"理性法"（*Vernunftrecht*）的思想，人们认为，存在普遍有效并得以被广泛适用的规制人类生活及社会的原则。因此，规范人类行为的不可改变的规则被认为是存在的。① 在实现这些理念的过程中，法典的制定者在很大程度上背离了基于古日耳曼法和古罗马法（所谓"共同法"）所形成的传统法律。然而，在债法领域，法典的条文中仍然包含很多罗马法的内容；而在物权法和继承法部分，也可发现日耳曼法的痕迹。

3　　在《奥地利普通民法典》实施之时，其确实可以称得上是欧洲法典，因为其几乎在整个哈布斯堡王朝的统治范围内均有效力。彼时的哈布斯堡王朝，除今天的奥地利之外，还包括现今意大利的部分地区、斯洛文尼亚、塞尔维亚、克罗地亚、斯洛伐克、捷克、波兰、罗马尼亚以及乌克兰；而在

---

① *Hausmaninger*, The Austrian Legal System (4th ed. 2011) 277 f.

匈牙利,《奥地利普通民法典》仅在短时期内有效过。①

二、《奥地利普通民法典》的特征

在《奥地利普通民法典》生效之时,它是一部非常现代化的法典,其中贯穿了很多新的概念和理念。② 例如法典第 16 条规定:

> 每个人均享有基于理性的不言自明的与生俱来的权利,并因此而被认定为法律上的人。奴隶制度和农奴制度……在这些国家是不被允许的。③

尽管在今天看来,这一条款或许有些过时,但在当时却是革命性的。例如,美国直到 1865 年才完全废除奴隶制。值得一提的还有《德国民法典》,尽管其颁行晚于奥地利民法

---

① 更为细致的论述参见 Busch/Besenböck, Von Mailand bis Czernowitz. Die Einführung des österreichischen ABGB, Gesamtstaatsidee und nationaler Partikularismus, in: Bauer/Welker (eds.), Europa und seine Regionen. 2000 Jahre Rechtsgeschichte (2007) 535, 557 ff; Hamza, Entstehung und Entwicklung der modernen Privatrechtsordnungen und die römischrechtliche Tradition (2009); Ogris, Das ABGB innerhalb und außerhalb Österreichs, in: Geistlinger et al. (eds.), 200 Jahre ABGB—Ausstrahlungen (2011) 1 ff.

② Apathy, 200 Jahre ABGB—ein Rückblick, in: 200 Jahre ABGB. Evolution einer Kodifikation (2012) 47 f; Ogris, Die Rechtsentwicklung in Österreich 1848-1918 (1975) 58; Posch, Das zweihundertjährige ABGB und das Europäische Vertragsrecht, Zeitschrift für Europäisches Privatrecht (ZEuP) 2010, 43.

③ 该条中的"这些国家"指的是在《奥地利普通民法典》生效时归属于奥地利帝国的国家。

典约百年,但其也并未采取一般的方式对人格权加以确认①;然而,法院和学界却对一般人格权的存在予以认可。值得注意的是,尽管《奥地利普通民法典》通过一般的方式对人格权加以确认,但在这一条文究竟是确认了一般人格权②还是仅对既存的若干具体人格权③进行了确认问题上存在争议。赞同一般人格权论者的理由在于强调保护的全面性,避免在保护中存在漏洞和不一致的危险④,并且为未来的发展留有空间。⑤ 但在另一方面,我们也会发现针对不同的人格权益(如生命权和肖像权),其保护形式也是不同的。而就其他的一些人格权益而言,则根本不能受到任何保护:针对马上到来的干扰或者其他轻微的恼怒,权利人既不能对此采取任何防卫措施,也不能就由此而产生的损害主张赔偿或者惩罚。最后,一般人格权是无形的,因此,也会带来法律上的不确定性。但必须指出的是,这些不同观点的主张在司法实践中

---

① 参见 G. *Wagner*, The Protection of Personality Rights against Invasions by Mass Media in Germany, in: Koziol/Warzilek (eds.), The Protection of Personality Rights against Invasions by Mass Media (2005) no. 2 ff.

② 该观点的支持者为 *Aicher*,其就此观点的更进一步的论述详见 Rummel (ed.), Kommentar zum Allgemeinen Bürgerlichen Gesetzbuch I (3rd ed. 2000) § 16 no. 14。

③ 赞同观点及更为详细的论述参见 *Koziol*, Österreichisches Haftpflichtrecht II (2nd ed. 1984) 6;同样观点参见 the Austrian Supreme Court (OGH) in Medien und Recht (MR) 2000, 145。

④ 参见 *Canaris*, Grundprobleme des privatrechtlichen Persönlichkeitsschutzes, Juristische Blätter (JBl) 1991, 206 ff.

⑤ *Damm*, Persönlichkeitsrecht und Persönlichkeitsrechte—Identitäts-und Autonomieschutz im Wandel, in: Heinrichs-FS (1998) 116 with further references.

并不具有实际意义①：在一般人格权理论之下，人们从对人格权益进行全面保护的起点出发，但接下来总是会对每一人格权益在何种情形下得受到何种程度的保护进行分别检讨。②而那些支持具体人格权观点的学者，则总是会检讨应受保护的人格权益是否受到了侵害，应该受到何种保护。然而，我们也需记得，并不是每项人格权益都已凝结为某项特殊权利而获得广泛保护，而仅仅是针对某些特定的行为，其才能受到保护。因此，正如卡纳里斯（Canaris）③ 所指出的，问题的关键在于确认每一参与其中的利益各自应受保护的范围。

《奥地利普通民法典》第 7 条所谓填补法律适用漏洞的条款在其颁行当时也是引人注目的。其规定：

> 如果某一案件既不能通过法律规定的文句也不能依据该条款应有之义而作出裁决，那么法律中对相似情形的明确规定或者其他相关法律规定背后的理由均将被加以考虑。如果仍然存在疑问，要在认真地收集并仔细评估案件事实的基础之上，依据自然法原则加以判定。

这一条文的重要性在于其明确规定了类推适用。同时，通过提及自然法原则，法官被赋予了某些回旋余地。然而，

---

① 参见 *Aicher* in Rummel, ABGB I³ §16 no. 14; *Posch* in Schwimann/Kodek (eds.), ABGB Praxiskommentar I (4th ed. 2012) §16 no. 13 f.
② *Canaris*, JBl 1991, 208; *Posch* in Schwimann/Kodek, ABGB I⁴ §16 no. 16.
③ *Canaris*, JBl 1991, 210.

这仅仅是最后的方法：首先，法官需要适用法典，因此，必须首先尝试通过解释法典中的条文来解决问题；其次，通过类推适用来填补法律漏洞，而仅在于此仍无法解决问题时，方可诉诸于自然法原则①，如信赖原则或意思自治原则。由于他们所具有的处于补充地位的性质，事实上并没有多少案件应用自然法原则予以裁判。其中一个例子是，法院依据信赖原则认定，在双方当事人和解协商期间，诉讼时效停止。②

自然法理念对《奥地利普通民法典》的影响还体现在其给予了民事主体极大的由其自己决定其法律关系的空间，因为法典中仅包含了极少的强制性规定。③然而，《奥地利普通民法典》通过规定对特定的、合理的利益的保护来寻求在不同的利益间实现更加均等的平衡。例如，在合同法中，恰是基于对对方当事人信赖的考虑，从而限制因错误而撤销合同的权利。对此，下文相应部分会做更为详细的讨论。

随着旨在保护特定利益的各种不同法律的引入，作为《奥地利普通民法典》一个典型特征的民事主体所被赋予的自由，不断地受到限制。此种对主体自由限制的法律包括租赁法，特别是消费者权益保护法等。此外，公法条款也会对民法典中所规定的民事主体的自由构成限制。

---

① 参见 F. Bydlinski, Grundzüge der juristischen Methodenlehre (2nd ed. 2012) 93 ff.

② OGH in JBl 1967, 144, 以及 F. Bydlinski, Vergleichsverhandlungen und Verjährung, Anlagenschäden und überholende Kausalität, JBl 1967, 130.

③ 参见 Apathy in: 200 Jahre ABGB 52。

此外，民法典的特征之一在于其结构（体例）清晰——尽管有些过时，但语言平实、简洁。同时，相比于细致决疑的规定，法典更喜欢采用动态的一般原则式的规定。① 这也使得法院更易于将法典中的条文适用于个案。尽管在几年前《奥地利普通民法典》已度过了其两百岁生日，但其仍为我们现时的法律需求提供了足够充分的解决方案。基于编纂上的动态品格，其有别于1900年的《德国民法典》。尽管《德国民法典》相较于《奥地利普通民法典》年轻近一个世纪，但这并不必然意味着前者相较于后者更为现代。

当现今教科书通常以来源于《德国民法典》且为人所熟知的潘德克顿体例（总则、债法、物权法、亲属法、继承法）为典范时，《奥地利普通民法典》仍然坚持着导源于法学阶梯的古老的罗马法体系。一个简洁的序言，包含关于基本准则的条款（如上文所提及的第7条），随后仅包括三个部分：第一编人法、第二编物法及第三编关于人法和物法的共同规定。

第一编规定的是人的地位及关系，关于婚姻、父母与子女之间的权利及监护的相关规定被包括其中。然而，现今大部分与婚姻相关的问题，均由1938年的《奥地利婚姻法》②所调整。第二编物法分为两个部分，一部分为对物权，即

---

① *Mayer-Maly*, Die Lebenskraft des ABGB, Österreichische Notariats-Zeitung（NZ）1986, 268.

② 参见下文边码170及其后的相关论述。

占有①、所有权、质权、抵押权、役权和继承；另一部分为对人权，后者包括为我们今天所熟知的债法。因此，在这一部分我们可以发现关于合同法及侵权法的相关规定。将上述两个部分统合于"物"的标题之下，其理由在于，根据法典制定之时的理解，基于合同或侵权行为产生的权利同样与物相关，因为权利人获得了主张金钱或物的权利。最后，第三编包括了关于保证、担保、权利义务的变更和终止、不当得利及时效的相关规定。

---

① 现今，关于占有是否以及在何种程度上被视为物权存有争议。关于占有的概念，参见下文边码140及141。

第二章

人

一、法律主体与法律客体

法律主体得享有权利并承担义务。这些权利义务所指向的对象被称为法律客体。法律主体是全部的人类（自然人，参见下文二），但同时某些实体（机构）也能够享有权利并承担义务（法人，参见下文三）。

凡未被确认为法律主体（人）的一切事物均为法律客体，即为人所控制的权利义务的客体（《奥地利普通民法典》第285条）。《奥地利普通民法典》对"物"之概念的界定更为宽泛，包括有体物及无体物，甚至债也包括其中。大多数法律客体同时也是法律意义上的物。相比而言，德国法上对物的界定（《德国民法典》第90条）要更为狭窄。① 在德国法及奥地利法上，动物均不再被包含在物的概念当中（《奥地利普通民法典》第285a条、《德国民法典》第90a条）。然而，动物当然也非为法律主体。因此，除非法律存在特别

---

① 参见边码137及其后的相关论述。

规定，关于物的规定也同样适用于动物（《奥地利普通民法典》第 285a 条第二句，《德国民法典》第 90a 条第三句）。

二、自然人

（一）权利能力

13　　所有人类均具有权利能力（《奥地利普通民法典》第 16 条①，同样参见《德国民法典》第 1 条），即他们得享有权利并承担义务。权利能力始于出生，终于死亡。胎儿（nasciturus）同样享有权利能力，但以其出生时为活体为限（《奥地利普通民法典》第 22 条）。② 同时，其权利能力是有限的，因为其仅享有权利但并不负有义务。例如，胎儿可继承遗产。③

（二）行为能力

14　　权利能力意味着某人得享有权利并负担义务，这与某人是否以及在何种程度上通过其自身行为得以导致权利与义务的产生、变更和消灭，是两个不同的问题。后者由行为能力

---

①　关于《奥地利普通民法典》第 16 条的论述同样参见边码 4。
②　在德国法上，关于胎儿权利的规定散见于《德国民法典》的不同条款之中，如第 331（2）条、第 844（2）条第二句、第 1594（4）条、第 1923（2）条。
③　参见边码 198。

所决定,具体可分为参与法律交易的能力和与之适用不同规则的侵权行为能力。就参与法律交易的能力而言,缔结婚姻的能力①和遗嘱能力②适用特殊规则。通常而言,行为能力要求民事主体具备一定的理解其行为后果及做出理性判断的心智能力。

在德国法和奥地利法上,任何年满18岁的人(精神健康)均具有参与法律交易的完全行为能力。儿童则依据其年龄不具有行为能力或仅具有参与法律交易的限制行为能力。未满7岁的儿童不具有任何行为能力[《奥地利普通民法典》第865条第一句,《德国民法典》第104(1)条],他们作出的意思表示是无效的,甚至不能接受赠与[参见《奥地利普通民法典》第865条,《德国民法典》第105(1)条]。然而,在奥地利法上有一项例外:《奥地利普通民法典》第170(3)条允许儿童签订与其年龄相适应的合同,此类合同限于与其日常生活相关的物品的小额交易。因此,即便是5岁儿童也能够用其零用钱购买一些糖果。为实现保护儿童的目的,合同仅在儿童完全履行了其所负担的合同义务时才自始有效。而在德国法上,此种合同为无效。

除去上文所提及的例外,未满7岁的儿童所签订的合同为完全无效。7岁以上儿童所签订的合同具有约束力,但仅

---

① 参见边码176。
② 参见边码212。

约束合同相对方,如果儿童的法定代理人(绝大多数为父母)给予追认,则合同对儿童也具有约束力(《奥地利普通民法典》第865条第二句及第三句,《德国民法典》第108条)。此外,从法律的角度看,7岁以上儿童能够签订仅对其有益却不对其创设任何义务的合同(《奥地利普通民法典》第865条第二句,《德国民法典》第107条)。同时,奥地利法和德国法也均允许儿童自由花费他们自己赚得的钱或给予他们自由处置的钱(如零花钱)[《奥地利普通民法典》第170(2)条,《德国民法典》第110条],只是各自在关于年龄限制的规定上存在不同。《德国民法典》对年龄并未做任何区分,例如,8岁的儿童和几乎成年的17岁的人。而奥地利法则逐渐扩展儿童的行为能力并赋予其自由处置零花钱的可能性,但仅针对年满14岁的未成年人。从这一点上看,更为严格的(但同样更为动态的)奥地利法规定为上文所提及的《奥地利普通民法典》第170(3)条所提供的例外规则所平衡。

17 精神疾病者在合同的订立上仅具有限制行为能力或无行为能力,尽管他们达到了完全民事行为能力者的年龄。如果此类主体根本不具有足够的理解能力和做出理性判断的能力,则其适用与未满7岁儿童相同的规则[《奥地利普通民法典》第865条,《德国民法典》第104(2)条]。对于所有其他患有精神疾病的主体,其行为能力的范围取决于理解某特定合同含义的具体能力。在无行为能力的情形下,精神疾病者将被指定一个法定代理人(《奥地利普通民法典》第268条,《德国民法典》第1896条)。

侵权行为能力规则与上述规则相比有很大不同。因为,立法者认为,相比于订立合同,认识到承担危险行为的后果要更为容易。因此,在奥地利法上(《奥地利普通民法典》第176条),年满14岁的人原则上具备侵权行为能力。此外,即便未满14岁的人,如能证明其具备了足够的在个案中承担责任的理性判断的能力,其也应对其违法行为承担责任(《奥地利普通民法典》第1310条)。①

三、法人

奥地利法及德国法均确认那些得享有权利并负担义务的特定实体为法律主体,其独立于构成该实体的自然人(《奥地利普通民法典》第26条,《德国民法典》第21条及其后的相关规定)。对某实体获得权利能力的要求会因其类型的不同而存在差别,如营利社团与非营利社团、股份公司、有限责任公司或基金会,且通常涉及国家机关的许可和登记。除去亲属权和某些特定的人格权,法人得享有或负担与自然人同样的权利及义务。法人机关的行为(如董事或经理)归属于法人,法人也须对其机关的行为承担责任;而关于其他辅助人的行为,则适用一般规则。

---

① 参见边码92、93。

第三章

合同法

一、抽象允诺或要因允诺

比较奥地利合同法和德国合同法上的特征,人们会发现,二者在总体上有非常多的共同之处,但也有很多不同。其中之一涉及是否必须在合同中提及原因(允诺履行某债务的理由),或者是否一项抽象的允诺即具有约束力,即无须给出作出此允诺的任何理由。

在古罗马法[①]上,需要通过所谓"契约"订立合同。"契约"必须遵照特定的形式要求,但可以用来允诺当事人的任何想法。例如,如果是 1 000 元的付款,一方当事人只需说"你愿意允诺付给我 1 000 元吗?"如果对方当事人回答"我愿意",合同便生效了。但是,当然没有人愿意那样允诺付给对方 1 000 元。人们通常会有作出此种允诺的理由。该 1 000 元可能作为买卖价款、赠送的礼物或因过失导致损害的赔偿而被允诺。但是,这一允诺的潜在目的无须在"契约"

---

① *Zimmermann*, The Law of Obligations (1996) 91.

中提及,"契约"因此被抽象地构造。

22 《奥地利普通民法典》并未采取这一理念,而是坚持了要因允诺:原则上,合同必须揭示其交易的原因(即理由),且债务人得信赖此原因(参见《奥地利普通民法典》第937条)。因此,在奥地利法上,为设定一项有约束力的债,仅仅说"我愿意付给你 1 000 元"是不够的,此项允诺必须包含付款的理由,如购买物品或提供服务。在买卖合同、租赁合同或雇佣合同中,双方设定债的理由是明显的:由于对方当事人允诺提供对待给付,故双方当事人均愿意使其自身负有债务。双方当事人均以此种交换为目的。但即便债务仅存于一方当事人,如果允诺者表达了其赠与某物的意愿,债的目的也能够变得明显。

23 奥地利法之所以要求交易的原因须包含在允诺之中,理由有多个。理由之一是,如果允诺方并不清楚其允诺的原因,则其并不非常清楚允诺的严肃性。此外,如果某项合同的原因不明显,则其可能被作为追求违法目的的工具。例如,A 和 B 均同意,A 炸毁国会大厦,B 将付给 A 100 万元作为回报。如果一项抽象的允诺是有效的,在 A 成功炸毁国会大厦之后,其可以主张 B 基于其抽象的允诺而付给他 100 万元并可对 B 提起诉讼。然而,法院不应负有帮助执行此种非法合同的义务。如果一项抽象的允诺是有效的,这意味着债权人即便未履行其自身所负的义务(而该义务对债务人而言是其最初作出允诺的理由),其仍得向债务人提出给付请求:债务人将不得不进行给付,而无任何反对的可能性。此外,抽象的允诺也可被用来规避制定法中所规定的形式要求。例如,在奥地利法上,赠与的允诺仅在公证人面前做出方为有效。如果抽象允诺是有效的,则这一形式要求将会被轻易地规避。因此,奥地利法仅于特殊情形下认可抽象允诺的效力,如汇票制度。

当《德国民法典》在德国颁行之时,情况就变得非常不同。由于受到潘德克顿学派(即罗马法)的强烈影响,《德国民法典》规定,只要允诺是以书面方式作出的,即便是抽象的允诺也是有效的(《德国民法典》第780条、第781条)。因此,德国法很明显地赞同债权人得就债务人的允诺提出主张,而无须考虑协议的目的,也不必担心债务人一方提出任何异议。

二、合同无效

《奥地利普通民法典》第879条及《德国民法典》第134条、第138条规定了合同的无效,即如果合同的内容违反法律或善良风俗,则该合同被视为自始不存在。根据《奥地利普通民法典》第878条的规定,如果在缔约时合同的内容是"显然不能"(geradezu Unmögliches)的,即该允诺是荒谬的,以致任何一个理性的人都不会相信该合同能够被实际履行，则该合同也为无效。在20世纪初，关于荒谬允诺的一个典型的例子是将某人送去月球。尽管时代已经改变，但诸如预测他人未来的允诺仍被认为是荒谬的。更具有实际意义的例子是，债务人允诺提供能从石油中生产黄金或者具备其他机器显然不可能具有的特性的机器。如果允诺并非荒谬，只是基于各种原因而纯粹不能（schlichte Unmöglichkeit），或者履行仅在合同订立后变得不可能，则该合同并非无效，而仅可能被解除——我们将在后文对此进行更为详细的阐述。① 然而，德国法（《德国民法典》第275条、第326条）通过规定无法履行的义务和允诺对待给付的义务均不复存在，而给予上述两种不能的类型以同样对待——实际上，这与奥地利法上区分显然不能与纯粹不能的处理方法并无太大区别。

26 通常而言，违反法律或违背公序良俗的允诺无效这一规则本身并不令人感到非常惊讶。但稍微做更进一步的观察，人们则会注意到，在奥地利法与德国法上对此存在着一些重要的差别。奥地利法规定，如果合同的部分内容是违法的或履行不能的，原则上仅该部分合同无效，而合同的其余部分仍为有效，仅在对方当事人能够证明，若无剩余部分其将根本不会订立合同的情况下，整个合同才是无效的。相反，

---

① 参见下文边码41、42。

《德国民法典》于第139条规定，原则上如果仅部分合同内容是违法或违背公序良俗的，整个合同无效，除非认为当事人除去无效部分仍会订立合同时，该剩余部分方为有效。然而，法院非常不愿意只允许部分合同有效。例如，在高利率借贷情形下，德国法院并非仅判决超过利率部分的合同无效而认定合理利率部分的合同有效，而是判定整个合同无效。这意味着，或者是借款者被强制返还其所急需的钱款，即便其愿意偿付非常高的利率，或者借款者被允许保有钱款而根本无须偿付任何利息。后者是德国通说所赞同的解决方法。从奥地利法的角度看，这似乎并不合理。为何借款者获得借款却根本无须偿付任何利息，这是很难令人理解的。因为，事实是，如果借款者从其他贷款人处借款，其都必须要给付通常的利息。此外，此种做法与合同无效规则也并未保持一致。因为，该种做法意味着仅是借款一方的义务是无效的，而就贷款人允许借款人使用钱款的义务而言仍是有效的。因此，事实上德国法院并未如其所宣称的那样通过此种判决认定整个合同无效，而是仅认定合同的一半是无效的。而就剩余的一半合同而言，是任何贷款者都不愿意签订的。故而，奥地利法上的处理方法似乎更令人信服，即合同部分有效，只是相应地降低利率。

三、基于错误的撤销[①]

27 让我们从一个假设的案例开始：A 以书面形式从 B 处订购一台电脑，型号为 A105。由于 B 没有该种电脑的现货，其从某批发商处订购了该电脑，并于到货后立即与 A 取得联系。但此时 A 告知 B，她犯了一个错误，事实上她需要的是型号为 A150 的电脑，A105 型电脑对她而言是没有用的。

28 合同法上的根本问题之一是，在何种情况下合同的一方当事人得基于错误而主张撤销。在解决这一问题时，立法者必须考虑：法律赋予每个人通过合同安排其与他人之间法律关系的可能性。当然，合同当事人仅在合同是依据其真实意愿而订立的情形下，即其在订立合同时无任何错误，才能够实现其目的。基于自我决定理念，如因错误而使得合同并不符合错误一方的真实意愿，则赋予其通过诉讼而撤销合同的权利似乎是合理的。但不能忘记的是，这会与合同相对方的利益直接对立：该方在订立合同时无任何错误，其因此而信赖合同有效并期待该合同被如约履行。因此，立法者面临着寻找到妥当解决办法的任务，其既要考虑基于错误作出意思

[①] *F. Bydlinski*, Privatautonomie und objektive Grundlagen des verpflichtenden Rechtsgeschäftes（1967）；*derselbe*, Mistake in Austrian Private Law Viewed in Terms of a "Flexible System" Approach, in: Hausmaninger/Koziol/Rabello/Gilead（eds.）, Developments in Austrian and Israeli Private Law（1999）21 ff；*Kramer*, Der Irrtum beim Vertragsschluss（1998）.

表示一方的自我决定原则，也要考虑接受该意思表示一方的信赖保护原则。奥地利立法者和德国立法者在如何调和这对相互对立的原则上采取了完全不同的方法。

奥地利法通常侧重于对他方信赖的保护，而仅在有限的范围内赋予错误一方主张撤销的权利。首先，主张撤销权要求当事人在作出意思表示时存在错误或该错误与表示的内容相关。若错误仅与意思表示的动机相关，则仅在无报酬的合同中对此加以考虑，因为此时他方当事人似乎不太需要被保护。其次，错误一方的撤销权仅在他方当事人不值得保护的情形下存在。如果他方当事人尽到必要的注意即可知晓该错误，或者他方当事人导致了该错误，抑或尽管信赖合同有效但尚未做出任何安排，因此其并不会因合同无效而遭受任何损失，这些情形均被认定为不值得保护（《奥地利普通民法典》第871条）。如满足上述要件，则错误方享有撤销权。错误方甚至可以在因其自身过失而作出错误意思表示的情形下撤销合同，但其需要就相对方因信赖合同有效而遭受的损失承担责任。就上文所举的假设案例而言：根据奥地利法的规定，仅在B本应意识到A事实上需要购买的是A150型电脑的情形下，A才享有撤销权。例如，A描述了她的需求并且提及了A150型电脑的某些性能和特点。

就合同的效力而言，《德国民法典》倾向于保护错误方而非合同相对方：在为意思表示时，如存在任何与意思表示内容相关的错误，错误方均可主张撤销（《德国民法典》第

119条)。然而,如果错误与合同当事人的资质相关或与合同标的物的特性相关,则仅在该资质或特性通常被认为在交易上具有重要性时,错误方才享有撤销权。但合同相对方是否值得保护,却根本没有被加以考虑。因此,就信赖合同有效的相对方的利益保护而言,德国法相比于奥地利法要弱得多。但是《德国民法典》并未完全忽视合同相对方的利益并至少为其提供了一些保护:如果错误方主张撤销,其必须赔偿相对方因信赖合同有效而遭受的损失,并且即便错误方无任何过错,也应如此(《德国民法典》第122条)。就前述假设案例,德国法的处理方式与奥地利法存在不同。A 享有撤销权,因此,B 无法要求 A 履行合同,即支付全额的价款。根据《德国民法典》的规定,B 仅能主张其因信赖该合同有效而遭受的损失,但无法主张其所期待的通过与 A 进行电脑交易而可获得的利润损失的救济。

比较两国的制度是很有意义的,因为其展现了对错误相对方提供保护的不同路径。如果认定合同有效,是对合同相对方最大限度的保护。但此种保护仅在相对方确实值得保护的情况下才是合理的。这是奥地利法上采取的方法。须顺便提及的是,奥地利法上的处理方法为国际统一私法协会的《国际商事合同通则》所采用。① 另一种可能为相对方提供保

---

① 参见 http://www.unidroit.org/english/principles/contracts/principles2010/integralversionprinciples2010-e.pdf。

中文译本参见 http://www.unidroit.org/overview-principles-2010-other-languages/chinese-black-letter。

护的方法是,对其因合同无效而遭受的损失给予金钱赔偿。此种保护方法并不如承认合同有效那样有力,因为相对方实际上并未获得其所需要的,而且其不得不再签订一份新合同。然而,如果错误方的责任是严格的,即并不要求其具有过错,则相对人所获得的保护是极为宽泛的。德国法上的这种做法恰与奥地利法相反,据笔者所知也与中国法上的做法相反,后两者均要求错误方存在过错。

此处我们想论及两国制度间的另一不同,该不同与上文所提及的合同无效中的不同有类似之处。在德国法上,错误的唯一可能结果是整个合同变为自始无效,即仿佛整个合同自始从未存在过。但奥地利法作出了区分:如果没有错误,错误方将根本不会订立任何合同的情况下,依据《奥地利普通民法典》第871条的规定,整个合同是自始无效的。对于继续性合同,很难使整个合同回归至订约之初,因此,撤销的效力仅从撤销之时向前发生。然而,如果没有错误的存在,双方当事人也会签订一份合同,只是合同内容会有所不同,则错误方可主张变更合同的内容(《奥地利普通民法典》第872条)。因此,在购买者对标的物的重要特性存在认识错误的情况下,买卖的价款得被相应减少。这似乎与中国法[1]上的做法相一致,且我们认为这种处理办法也是合理的。因为,在此种情形下如合同完全无效,则会超出法律设定错

---

[1] *Bu*, Einführung in das Recht Chinas (2009) § 12 no. 23.

误制度的目的：错误制度的功能应该是将合同状态复归至如双方当事人均无任何错误时的应有情形。

33　　最后，我们想提及错误领域中的一个特殊问题：关于所售标的物价值的错误。A是一位需要一些钱的年迈妇人，B是一位艺术品商人。A问B是否愿意购买她若干年前因继承而取得的一张小幅油画。A提出的售价是1 000元，B表示同意，双方达成协议。当B发现其可毫不费力地将该油画以1万元价格卖出时，其喜出望外。当然，在A得知这一情况时，她自然想撤销与B之间的合同，或者至少是要求B支付更多的价金。

34　　然而，若A想以错误为由主张撒销权，似乎是不太可能的：依据奥地利法和德国法，A关于合同标的物价值的错误均被认为仅是订约动机的错误，因此在法律上并不具有意义。但奥地利法为A提供了另一个撒销合同的可能性，即出于在给付和对待给付间存在客观不平衡的理由：根据《奥地利普通民法典》第934条的规定，如一方当事人所受领给付的市场价值达不到其向对方当事人所为对待给付的一半时，前者有权撒销合同。在古罗马法上，这被称之为"非常损失规则"（*laesio enormis*）。如果在合同当事人间的给付中存在此种不平衡，则不利一方可不费周折地主张撒销合同。仅在受损方知道真实价值时，其才不被赋予获得"非常损失规则"救济的权利。因此，"非常损失规则"会使得受损方易于举证，因为，其仅需证明买卖价格与市场价值相比的失衡。但这并不必然导致合同被撤销：根据《奥地利普通民法典》第934条的规定，他方当事人（在上述所举案例中为B）可通过向出卖人（A）表示其愿意补足其购买价格与市场价值之间的差额而避免合同被撤销。这足以使得为法律所不予认可的失衡状态恢复至平衡，因此，没有必要使整个合同无效。而德国法上却并无类似规定。奥地利法律人至今仍认为，《奥地利普通民法典》第934条的规定是非常合理的，因为购买人似乎并不值得保护，而错误一方当然应获得保护。

四、代理

在《奥地利普通民法典》中同样存在关于代理的规定。代理可基于法律的规定而设立，如法律规定父母是其子女的代理人，也可基于被代理人的委托而设立。《奥地利普通民法典》本身并未区分直接代理和间接代理（参见《奥地利普通民法典》第1002条）。但学者和法院对这两种代理类型进行了明确的区分。间接代理人以其自己的名义为相应的行为并订立合同，但被代理人（本人）对此负责。间接代理可基于委托或服务合同而设定。直接代理人是以本人的名义为相应行为，因此合同在第三人和本人之间订立，本人会为代理人提供充分的代理权限。由于授权是一项独立的法律行为，因此，代理权能够与本人和代理人之间的内部关系相区别。

所有的这些均与德国法相一致。但同时也存在与德国法不同的地方，并且我们要指出其中的一处不同。该不同会展现出在直接代理领域一个根本的且因此也是有趣的问题。

36 　　在代理人未经授权（或未经充分授权）的情形下，其以本人的名义为相应行为，则合同在本人与第三人之间不发生法律效力。在这种无权代理情形中，第三人通常会遭受重大损失。在奥地利法上，被加以讨论的是，第三人是否可主张积极利益①，即第三人在合同有效成立并被履行情形下的应有财产状态；抑或第三人仅能主张消极利益②，即赔偿其因信赖合同有效而遭受的损失；此时第三人仅被置于其并未错误信赖会订立有效合同时的财产状态。根据奥地利法上的通说，第三人仅可主张消极利益。理由在于，在侵权法上，损害仅在由无权代理人的违法行为导致的情形下，才必须被赔偿。代理人的行为是具有违法性的，因为其本不应订立该合同或告知第三人其无代理权。由此，代理人本可避免第三人对合同有效的错误的信赖。此处，增加一些相关论述或许是有用的，即不能认为，如果代理人被充分授权，则第三人本可签订一份有效的合同，因此，代理人使第三人丧失了主张合同履行的权利。对此，我们需要考虑的是，代理人并未被充分授权，而且也永远不可能做到这一点并订立合同。因

---

① 赞同观点参见 *Stanzl* in Klang/Gschnitzer（eds.），Kommentar zum ABGB IV/1（2nd ed. 1968）853 ff.

② 赞同观点参见 *Welser*，Vertretung ohne Vollmacht（1970）136 ff.

此，代理人仅在其不应订立合同或未提供必要信息上被责难。因此，基于侵权法，第三人仅能主张其因信赖合同有效而导致的损失。2007年，这一规则被《奥地利普通民法典》第1019条所明确规定，并且中国法似乎也采取了同样的处理方法。①

然而，德国法（《德国民法典》第179条）规定，在无权代理人为故意的情形，其必须履行其与第三人之间的合同或者必须赔偿因其不履行而对第三人造成的损失。考虑到上文所述，此种做法是不符合逻辑的。但这次我们不得不采取德国法的观点：《德国民法典》第179条的规定并非基于侵权法规则，而是另一不同责任类型的例证，即某人制造了某一法律地位存在的（错误的）表象，其应对因此导致的损失负责（权利表见责任）。② 因此，如果无权代理人故意为某行为，为保护第三人利益将适用合同法规则，尽管并不具备意思表示有效的全部要件。我们必须承认，《奥地利普通民法典》中并无与《德国民法典》第179条相类似的规定，但由于奥地利法同样接受了权利表见责任的概念，我们认为——在《奥地利普通民法典》引入第1019条这一新规定之前——在具体效果上，奥地利法基于一般条款的处理方式与

---

① *Bu*, Recht Chinas § 10 no. 33.
② 参见 *Canaris*, Die Vertrauenshaftung im deutschen Privatrecht (1971)。

德国法应是相同的。①

五、不履行

38 　　如一方当事人未履行合同中的义务，其构成违约。在普通法上，违约的典型救济方式为金钱赔偿。金钱赔偿或补偿性赔偿的设置，其目的在于使非违约方处于如同合同未曾被违反时的状态。只有在法院认定仅通过金钱赔偿无法实现正义时，其方会给予强制履行的衡平法救济。如此，违约方被要求履行其在合同中允诺的义务。

39 　　与普通法不同，在奥地利法和德国法上，合同当事人理所当然地享有要求对方履行其义务的权利。与《奥地利普通民法典》中的规定相似，《德国民法典》第241条规定："债的效果是，债权人有权要求债务人履行其义务。"这意味着，在不履行情形，债权人有权要求债务人继续履行。

40 　　到目前为止，德国法与奥地利法的相关做法是一致的。然而，如果看一下关于不履行的规定，两部法典在不履行问题的处理上采取了完全不同的方法。由于德国债法在2001年进行了修改，其采取了统一的处理方式，即原则上不再对不履行的类型进行区分，而是将各种类型的不履行全部归入具

---

① 参见 Koziol, Freiwillige Selbstverpflichtung von Banken gegenüber der Öffentlichkeit, Österreichisches BankArchiv（ÖBA）2013, 100 f.

有统一法律后果的"义务的违反"这一概念之下。与之相反，奥地利法（《奥地利普通民法典》第918条及其后的相关规定）依据是否为履行不能、履行迟延或者所交付的物存有瑕疵而规定了不同的法律后果。然而，近距离观察《德国民法典》的相关规定，事实上似乎是例外性规定多于原则性规定，如此导致其形成了一个难以理解且极为复杂的制度。最终，其所规定的法律后果也会因不履行类型的不同而存在极大的差异。因此，大体而言，德国法上的处理方式与奥地利法上的处理方式并无很大不同。接下来我们将以几种例外情形聚焦于奥地利法的相关规定。在我们看来，奥地利法上的做法更易于理解。

正如上文所提及的，奥地利法对诸多履行不能的情形进行了区分。显然履行不能的允诺是无效的，该情形与合同订立之初便同样无法履行但允诺并非荒谬而是因其他原因而纯粹不能的情形是不同的。例如，经销商 B 卖一台特殊的机器给 A，A 认为该机器对其企业非常有用。但遗憾的是，B 忘记了该种类型的机器已无处购得。根据奥地利法的通说观点①，债务人——在其存有过错的情形下——仅需赔偿对方因信赖该合同有效而导致的损失。理由在于，履行不能并非

---

① 更为详细的论述参见 Bollenberger in Koziol/Bydlinski/Bollenberger (eds.), ABGB (4th ed. 2014) §878 no. 6 ff; *Koziol/Welser/Kletečka*, Bürgerliches Recht I (14th ed. 2014) no. 545 ff.

由债务人所导致，因此，因不履行而产生的损失同样并非由其所导致。其仅是忽略了其应告知购买人该机器已无法提供的义务，由此只会导致后者错误地信赖合同有效。然而，有观点认为①，经销商应赔偿因不履行而造成的损失，并且认为经销商已就履行提供了担保。然而，根本无任何迹象表明存在此种担保。因此，通说观点似乎更具有说服力。尽管如此，《德国民法典》第311a条却规定了因不履行而造成损失的损害赔偿请求权。正如在上文关于无权代理责任中所提及的，德国法上的处理方法得由基于其所创造的权利表见责任所证成，这会导致形成一个与合同相类似的承诺，在奥地利法上该观点也可被同样主张，至少在故意的情形应如此。

42 如果履行仅在合同签订后变得不可能，比如，购买的货物被雷击所引发的火灾所烧毁，奥地利法规定——尽管合同已经生效——所有的义务均消灭（《奥地利普通民法典》第1447条）：出卖者不再负有交付灭失物的义务，购买者也不再负有给付价款的义务。如果为种类物之债，则出卖人仍具有给付货物的可能性。因此，在此种情形，出卖人的义务并不消灭，同时购买人给付价款的义务也不消灭。但是，如果火灾并非由雷击所引发，而是因出卖人的过失所造成，若简单地消灭债务则不再公平，此时的购买人享有一项选择权

---

① 特别参见 *Reischauer* in Rummel, ABGB I³ §920 no. 18a。

（《奥地利普通民法典》第 920 条）：其可坚持合同的约定，给付约定的价款并向对方主张毁灭货物的价值，或者其可解除合同并主张己方给付与出卖方给付之间的价值差额。

如果债务人违约，债权人可以选择严守合同，或者给予债务人合理期限以采取补救措施，而在债务人未于合理期限内采取补救措施时解除合同。如果债务人存在过错，债权人还可主张损害赔偿，即主张在其严守合同的情况下因债务人履行迟延而造成的损失，或者主张因债务人不履行合同而造成的损失（《奥地利普通民法典》第 918 条）。

在债务人已实际及时交付买卖标的物但该物存有瑕疵的情形，即所谓瑕疵担保情形，在前述德国债法修订之前，奥地利法与德国法上的处理方式存在极大不同。根据实际履行原则，在奥地利法上，债权人可主张改善或修理瑕疵物（《奥地利普通民法典》第 932 条）。但《德国民法典》起初却并未规定在债务人交付标的物且债权人接受给付后，债权人享有改善或修理瑕疵物的请求权（《德国民法典》原第 462 条）。仅在 2001 年——在欧盟指令的影响下——《德国民法典》规定了修理瑕疵物的请求权（《德国民法典》第 439 条）。

六、诚实信用

45 在结束本章关于合同法的介绍之前,我们认为有必要论及德国法——或许也包括中国法——与奥地利法间一项更具特性的差异:诚实信用原则的意义。首先,让我们先看一下《德国民法典》:一方面,《德国民法典》的规则是非常具体而明确的;另一方面,其也规定了很多一般性条款,如诚实信用和公序良俗。例如,《德国民法典》第242条规定:"债务人应在考虑通常习惯的情形下,依据诚实信用的要求履行债务。"此外,《德国民法典》第157条规定:"合同的解释应考虑通常习惯,并依据诚实信用的要求进行解释。"从文义上看,《德国民法典》第242条的措辞是狭窄的,因为其仅仅关涉债务的履行方式。

46 然而,德国法院却以一种令人吃惊的宽泛方式适用这些一般条款。有人甚至认为,法院通过适用诚实信用原则来试图逃避对其他法律规定的含义及其背后所具有的理由进行认真检视。如此,在结果上,法院并未一直遵从立法者关于利益平衡的规定。因此,经常发生的情况是,法院甚至通过简单援引《德国民法典》第242条而作出与法典中的明确规定相悖的判决。

47 然而,我们怀疑这一关涉诚实信用的一般条款是否能够在事实上被作为一项合理判决的基础。困难之处在于,没有人知道究竟什么是诚实信用。其至坚信《德国民法典》第242条的德国教授齐默尔曼（*Zimmermann*）认为："迄今为止，关于诚实信用到底意味着什么，什么也没有被表述出来。原因在于，对此没有什么可说的，而能够被表述出的对于个案的判决也并不是非常有用。"因此，我们觉得，在绝大多数援引《德国民法典》第242条的案件中，法院并未提供一项实际的理由，第242条仅是作为一个非真正意义上的讨论时的借口而存在。这种通过简单援引诚实信用原则来证明任何解决方法具有正当性的方式，实际上所表现出的是诚实信用原则并未解释任何事情。

在中国法上，诚实信用原则同样被规定在1999年3月15日公布的《中华人民共和国合同法》中①，但遗憾的是，我们并不知道这一原则在中国是否也如同其在德国法中那样被频繁地适用并获得同样的评价。 **48**

与德国法相反，《奥地利普通民法典》并未规定关于诚实信用的一般条款，法典中仅提及了除去存在明确合意之外确定合同是否缔结（《奥地利普通民法典》第863条）以及合同应被如何解释（《奥地利普通民法典》第914条）的诚实的交易习惯（*Übung des redlichen Verkehrs*）。奥地利最高法院强调，事实上《奥地利普通民法典》并未以一般条款的方式规定诚实信用原则，因此，并不是德国法上基于诚实信用 **49**

---

① *Bu*, Recht Chinas §10 no. 15, §12 no. 7 ff.

原则的所有处理方法均可简单地移植到奥地利法上。由此，奥地利通说观点认为，法院应首先适用具体规定并且必须认真考虑立法者潜在的价值判断。当然，这是一种更为严格的法律适用方式，但奥地利学者认为除此之外别无他法：法院应受法律约束，其必须基于法律的规定及法典中潜在的价值判断而审理案件。如果法院仅简单援引诚实信用原则，则会存在忽视既有规定及隐含于其中的价值判断的危险。在我们看来，此种危险于很大程度上在德国实现了。

50　　奥地利法及德国法上的不同进路，可以一例证充分展现：有时，法律要求合同需以特定形式缔结。例如，根据德国法，不动产买卖须满足一定的形式要求，因为该类合同必须在公证机构缔结。为对此进行说明，让我们假设，A 并不具有多少商业交易的经验，其想购买一块土地及其上的房屋，她为此花费了全部积蓄。企业 B 与 A 签订了一份书面协议并向 A 说明除此之外无须任何其他手续。在 A 给付价款后，B 拒绝交付该不动产。B 主张，该合同是无效的，因为在合同订立时并无公证机构的参与。

51　　依据《德国民法典》第 125 条的规定，形式瑕疵确实会导致合同无效。然而，德国法院及学者会援引《德国民法典》第 242 条并认为，如果形式要件仅着眼于保护一方当事人的利益，而该方当事人知晓这一形式要件，但其无论如何都会在违反该形式要件的情形下与对方签订合同，且目的在于使对方当事人处于不利地位，那么该形式要件并不着眼于保护欺骗方。因此,该方当事人并不能基于形式要件的欠缺而主张合同无效。根据这一观点,A 可以主张买卖合同的履行,即转让该不动产。

与此相反,奥地利法通说认为,形式要件除具有保护合同当事人这一主要目的之外,通常还存在其他目的。例如,作为有利于第三方的证据或提高法律的确定性。因此,尽管合同的一方当事人欺骗了另外一方,该合同仍然是无效的。而依据法律的规定,仍有其他方式保护合同当事人。例如,在上述案例中,对于 A 而言并非不对其给予任何保护,如果 B 知道或应当知道该形式要件上的要求,并在形式要件的问题上因欺骗 A 而具有过错,则 B 应承担缔约过失责任。

第二个例子,A 从 B 处租用了一处公寓,月租金 1 万元。由于 A 认为租金太高,故只给付了 9 000 元。房主 B 并未表示反对。然而,3 年后,房主 B 要求 A 支付 3 年来每月剩余的 1 000 元。这些主张的诉讼时效期间尚未届满。

尽管诉讼时效期间并未届满,德国法院会认定,原告 B 因权利失效(*Verwirkung*)而不再享有请求权。尽管在法典中并无关于失权期间的规定,然而德国法院及学者认为可通过解释诚实信用原则而证明其适用的正当性。权利失效须满足两个要件:其一,债权人在相当长的一段时间内并未行使其权利;其二,权利行使的拖延导致了债务人的困难,且这与诚实信用原则相违背。事实上,德国法律人因此完全忽视了其法典中的具体规定,并在此类案件的处理上,作出了与法典中明文规定的规则相背离的判决。

55　然而，根据奥地利法，除去法定诉讼时效外，债权人可因不作为而丧失其权利，但前提须为该债权人的行为被解释为默示（《奥地利普通民法典》第863条）的权利放弃。因此，权利失效的情况仅发生于，债务人依据债权人的行为而正确地推知后者将不再主张其权利。在奥地利法上，此种权利的丧失被视为一项合同。这也是在奥地利法上（与德国法不同）债权人可基于错误而对权利的丧失予以撤销的原因。

56　奥地利法和德国法上的此种不同发展得以被解释为，相比于《德国民法典》，《奥地利普通民法典》认为信赖原则是更具有意义的。因此，在奥地利法上，对权利失效的特殊规定并不具有很强烈的需求。正如我们之前所阐述的，依据《奥地利普通民法典》的规定，基于错误而为的撤销，仅在他方当事人不值得保护时才为可能。

57　依据奥地利法，被告能否提出原告已放弃其权利的抗辩，取决于以下几个因素：将房主的行为理解为默示放弃必须是合理的。与此相关，人们必须考虑到，在商业往来中，无报酬的权利放弃是极为罕见的。因此，确定权利放弃行为的标准必须非常严格。奥地利最高法院确实在一种情形中认定了权利的放弃。在该情形中，房主如同以往那样收取同样的租金，尽管事实上租金已经上涨且其有权主张更高的数额。但法院仅将此种权利的放弃限制于到期债权，而并不认为将来发生的债权也同样被放弃。

然而，即便人们认为存在权利的放弃，但如果房主对其不作为的默示存在错误，其或许也可以撤销：如果因为被告每月支付9 000元，房主在真正的租金数额上存在错误，则房主在作出意思表示时存在错误。由于该错误由被告所导致，原告依据《奥地利普通民法典》第871条的规定有权撤销该放弃行为。然而，如果房主知道协议租金的准确数额，而仅是对其行为的意义存在错误，那么，此种错误情形的发生并非由被告所导致。

第四章

不当得利法[①]

一、概述

不当得利法是建立在某人不得以非正当地牺牲他人利益为代价而使自身获益这一原则基础之上的。因此，在不当得利制度中，法律规定了不当得利请求权。在该制度中，最为关键且极为困难的问题在于，在什么情况下得利被认为是不当的。在对此问题的回答上，有人或许会说，如果得利是基于有效的合同或依据法律，那么，此得利即为正当。然而，这样的回答却并非真的很有用处。

《奥地利普通民法典》区分了两种类型的不当得利请求权：所谓给付型不当得利请求权（*Leistungskondiktionen*），其目的在于恢复原告给予得利人的利益，该项得利是基于合同或法定义务抑或其他原因所进行的给付。所谓使用型不当得利请求权（*Verwendungsansprüche*），是指不当得利发生于侵

[①] 关于不当得利的开创性论述参见 Wilburg, Die Lehre von der ungerechtfertigten Bereicherung（1934）；另见 *Apathy*, Der Verwendungsanspruch（1988）；*Wellspacher*, Versio in rem（1900）。

害原告受保护利益的情形。《奥地利普通民法典》对此两种情形进行了区分并设定了不同的规则：基于给付的不当得利首先适用《奥地利普通民法典》第1431条及其后的相关规定；而基于侵害的不当得利则适用《奥地利普通民法典》第1041条及其后的规定。比较而言，《德国民法典》第812条及其后的相关规定，对此两种情形下的请求权均有规定。然而，必须说，奥地利法的规定与德国法的规定在本质上并无多大不同，因为，后者同样在相当大的程度上立基于奥地利学者瓦尔特·威尔伯格（*Walter Wilburg*）的基本思想。

二、给付型不当得利

61　　如果某人有意将利益给予他人，通常具有一定的理由。一个极为普遍的理由是，该人在履行合同。在此情形，他方对给付的受领因合同的存在而具有正当性。然而，如果合同从未存在或者该合同是无效的，那么，受领给付一方的得利就是不正当的。如果某人为了出卖货物，明知双方之间并未签订合同，但仍将货物发送给对方，也属同样情形。如果受领方并不想购买货物并因此而没有付款，那么，其对该利益的保有同样是不正当的。

62　　《德国民法典》于第812条及其后的规定中，设立了给付型不当得利请求权的一般规则。但令人感到惊讶的是，该法典在第323条及其后的规定和第355条及其后的规定中，在合同解除后的利益返还义务上设置了不同的规则,尽管这些情况均属于给付型不当得利请求权的典型情形。因此,《德国民法典》存在一些不一致的地方,相反,《奥地利普通民法典》并未就给付型不当得利请求权设置一般规则,相关规定散见于法典各处,幸运的是这些规定彼此间并不矛盾。

规范给付型不当得利请求权的主要条款为《奥地利普通民法典》第1431条。该条所关涉的情形是,原告错误地履行了一项事实上并不存在的债务。《奥地利普通民法典》第1435条所处理的情形是,原告履行了一项既存的债务,但事后该债务被解除。《奥地利普通民法典》第877条适用于一项合同已经被履行,但该合同因错误被撤销而溯及地无效。此外,通过类推适用《奥地利普通民法典》第1435条的规定,人们认为,如果某人基于其所追求的特定目的而将某物给予他人,但其目的并未实现,则其可以主张恢复原状。例如,A将一件精美的瓷器赠送给其男友B,因为彼此都确信不久后男方将与女方结婚,但其后男方却与一更为富有的女性结婚。另外,根据《奥地利普通民法典》第1174条的规定,如果给付的做出是为了引致非法活动,则不能要求返还。因此,如果A付给B 10万元而令后者谋杀X,但B不想那么做。此时,A既不能主张B履行允诺,也不能要求B返还10万元。此种请求权应被排除,否则B(其当然想要保有10万元)将被置于履行违法且因此而无效的允诺的压力之下。

三、侵害型不当得利

64　　根据奥地利法（《奥地利普通民法典》第1041条），如果某人之物在无正当理由的情形下为他人所使用，则物之所有人享有不当得利请求权。例如，B因错误而饮用了A的酒，在未经允许的情况下使用了其卡车或者侵犯了其专利权。在奥地利，此种请求权被称为使用型不当得利请求权，从字面上可理解为"因使用或消费而产生的请求权"，但更为精确的叫法应是"非正当的使用"。在德国（《德国民法典》第812条、第816条）更适当的叫法为"侵害型不当得利"（Eingriffskondiktion），即基于侵害行为的不当得利。似乎有必要提及的是，奥地利（《奥地利普通民法典》第329条及以下）和德国（《德国民法典》第987条及以下）均在法典中规定了此种类型不当得利的一般条款。此外，两部法典也同样规定了关于所有人与占有人之间关系（Eigentümer-Besitzer-Verhältnis）的一些特别规则。然而，占有人无正当理由地对所有人财产的使用，是典型的侵害型不当得利（Verwendungsanspruch 或 Eingriffskondiktion）行为的事实基础。因此，《奥地利普通民法典》规定了此种不当得利的一般条款。另外，《德国民法典》也设置了若干与一般条款相异的特殊规则，而这些规则也再次导致了规定间的很多不一致。

不当得利诉讼是对一项原则的表达，即没有人可以以本就归属于他人的利益（*Zuweisungstheorie*，权益归属理论）为代价而使自己获益。① 在此种侵害情形中，法律对利益的分配继续产生效力，其形式体现为，对与合法利益分配相悖之获益的请求。这可以被描述为权利持续效果（*Rechtsfortwirkung*）。

  因此，因侵害而产生的不当得利请求权与损害赔偿请求权在此处存在关联，因为二者均要求存在对他人受保护权益的侵害。② 除此之外，二者无论如何均应被加以区分③：损害赔偿法意在赔偿受害方所遭受的损害；而不当得利法意在返还获益方的不当获益。相应的，现今人们认为，不当得利请求权并不要求利益被获取的一方受有任何损害。④ 因此，不当得利法的保护得适用于损害赔偿法因无损害而不能适用的情形。

  上述两种类型请求权的成立要件应有所不同，人们对此也达成了共识⑤：不当得利请求权的成立，并不取决于不当

65

66

67

---

① F. Bydlinski, System und Prinzipien des Privatrechts（1996）235；*Larenz/Canaris*, Schuldrecht II/2（13th ed. 1994）§ 69 I 1 c；*Wilburg*, Ungerechtfertigte Bereicherung 27 ff.

② *Larenz/Canaris*, Schuldrecht II/2[13] § 69 I 1 d；*Koziol*, Rechtswidrigkeit, bewegliches System und Rechtsangleichung, JBl 1998, 624；*Jansen*, The Concept of Non-Contractual Obligations: Rethinking the Divisions of Tort, Unjustified Enrichment, and Contract Law, Journal of European Tort Law（JETL）2010, 17 f.

③ F. Bydlinski, System und Prinzipien 185 ff, 233 ff.

④ *Apathy*, Verwendungsanspruch 46；*Larenz/Canaris*, Schuldrecht II/2[13] § 69 II b.

⑤ *Koziol*, Basic Questions of Tort Law from a Germanic Perspective（2012）no. 2/25 ff；*Larenz/Canaris*, Schuldrecht II/2[13] § 69 I 1 b and c.

获利方的过错或对注意义务的违反；而损害赔偿请求权则要求造成损害的责任方存在过错或其他可归责于他的同等理由。相比于要求第三人返还其通过不被允许的方式所获得的利益，要求第三人以其自身财产赔偿他人的损害是一种更为严重的法律后果。因此，相比于不当得利请求权，对损害赔偿请求权成立要件的要求也就更为严格。

四、《奥地利普通民法典》第 1042 条[①]

68　　《奥地利普通民法典》第 1042 条所规定的请求权是侵害型不当得利请求权的一个子分类，并且通常要求存在三方当事人。依据该条规定，为他人支出费用的人可向依据法律规定应负担该费用的人主张返还。此种请求权的关键之处在于，获益是由原告的行为所导致，且其并未向获益人而是向第三人提供给付。被告因原告所引发的获益而免于负担义务。

69　　除去其他情形，此种请求权的一个重要的例子是，原告欲清偿其债务，并因此而向债权人支付了欠款。但实际上他弄错了，因为他并不是债务人，第三人才是债务人。根据

[①] *Auckenthaler*, Irrtümliche Zahlung fremder Schulden (1980); *Karner*, Rechtsfolgen einer (voreiligen) Selbstverbesserung durch den Gewährleistungsberechtigten, Zeitschrift für Verkehrsrecht (ZVR) 2009, 152; *Koziol*, Unterhaltsansprüche für die Vergangenheit und Regressansprüche eines Drittzahlers, JBl 1978, 626; *Rummel*, Altes und Neues zu § 1042 ABGB, JBl 2008, 432.

《奥地利普通民法典》第 1042 条的规定，支付金钱的所谓债务人可要求真正的债务人返还其金钱，因为其使得真正的债务人免于承担其债务。如此适用的一个最重要的情形是，父亲对其子女支付了若干年抚养费，但后来发现他并不是该子女的父亲，第三人才是。在此情形，所谓父亲有权向真正的父亲请求返还该抚养费。

第五章

无因管理法[①]

无因管理（Negotiorum gestio，《奥地利普通民法典》第1035条及其后的规定，《德国民法典》第677条及其后的规定）能够被界定为，为他人利益而为的未经授权的行为，或者未经他人授权但为了他人的利益而处理他人的事务。这一概念是宽泛的，因为其不仅包括事实行为也包括法律行为。未经授权，意味着未经过本人的同意。该制度的关键之处在于，行为人（即未经授权的管理者）以增进他人（非自愿的本人）利益为目的而行为。

法律必须要解决的主要问题是，首先，非自愿的本人是否有权要求未经授权的管理人返还其在管理本人事务中所获得的利益；其次，管理人是否有权要求本人偿付其因管理而支出的费用。

《奥地利普通民法典》对于未经授权的管理人似乎不太关注，因为关于无因管理的规定是以下述一般性表述为开头的（《奥地利普通民法典》第1035条，《德国民法典》第

[①] *Meissel*, Geschäftsführung ohne Auftrag (1993).

678条与此类似）：某人既未经合同的明示或默示的授权，也未经法院或法律的授权，通常不得干涉他人的事务。如干涉他人事务，其应对由此产生的一切后果负责。然而，接下来的规定显示，此种不赞同的态度并非一般原则，最终法典区分了不同的无因管理类型并规定了非常不同的法律后果。

73   在紧急情形，未经授权而设法保护他人权益免受即将发生损害的管理人得主张返还所有必要及合理的费用，纵然其努力为徒劳（《奥地利普通民法典》第1036条；《德国民法典》第680条仅规定了责任的限制，即管理人在轻微过失的情形下无须承担责任，但并未就费用的偿还进行特殊的规定）。存有争议的是，未经授权的管理人是否同样享有就其管理所耗费之时间的报酬请求权。根据通说，管理人仅在其履行职务时方可对此予以主张。但管理人至少可通过类推适用《奥地利普通民法典》第403条而主张相应的报酬。①

74   如果某人在非紧急情况下未经授权而干涉他人事务，则仅在管理人的管理行为明显是有利于本人的情形下，管理人方享有费用偿还请求权（《奥地利普通民法典》第1037条，参见《德国民法典》第683条），并且仅是这种利益依然存在的情形下。当然，管理人应向被管理人交出因其管理而获

---

① 更进一步的论述参见 Koziol in Koziol/Bydlinski/Bollenberger, ABGB⁴ §1036 no. 5。

得的全部利益（参见《德国民法典》第684条）。①

如果无因管理并未给非自愿的本人带来任何明显的利益（《奥地利普通民法典》第1038条）或者违反本人的明确意愿（《奥地利普通民法典》第1040条），那么，未经授权的管理人不享有任何请求权；相反，其必须恢复原状且应向被管理人赔偿因管理而造成的全部损失（《奥地利普通民法典》第1311条，《德国民法典》第678条）。

---

① 参见 F. Bydlinski, System und Prinzipien 291 ff.

第六章

损害赔偿法①

一、导论

《奥地利普通民法典》第 1295 条第 1 款规定②:"任何人均可请求违法致害者因过错对其造成的损害进行赔偿;损害可因违反合同义务所致,或与合同无关。"

首先,奥地利法上关于损害赔偿的规定是极为宽泛的。因为,根据第 1295 条第 1 款第二句的规定——这与《中华人民共和国侵权责任法》(以下简称中国《侵权责任法》)并不相像——其不仅包括侵权责任,也包括合同责任。无论如何,合同责任与合同外责任的区分仍然具有一定的意义,尤其体现在纯粹经济损失责任、替代责任及举证责任上。

《奥地利普通民法典》第 1295 条第 1 款前半部分的概括性规定,表现出了其与中国《侵权责任法》第 6 条第 1 款之

---

① 更为详细的论述参见 Koziol, Österreichisches Haftpflichtrecht I (3rd ed. 1997), II²。
② 关于《奥地利普通民法典》中侵权法规范的全部英文译文参见 B. C. Steininger in Oliphant/B. C. Steininger (eds.), European Tort Law: Basic Texts (2011) 2。

间具有很大的相似性,后者规定:"行为人因过错侵害他人民事权益,应当承担侵权责任。"奥地利损害赔偿法和中国侵权责任法均未将受保护的权益范围限制为所谓绝对权,特别是人身权(生命、健康、自由)、物权和知识产权。因此,在两国的法律制度下对责任的规定似乎比德国法更为广泛,因为《德国民法典》第823条规定:"任何故意或过失地违法侵害他人生命、身体、自由、所有权或其他权利的人,其负有向他人赔偿因此而造成的损害的义务。"① 但是,我们必须记得,对《奥地利普通民法典》第1295条的理解必须结合第1294条规定的语境进行,后者所基于的前提是,行为仅在具备违法性的基础之上才可被认定是否存在过错。因此,过错以违法性为先决条件。我们认为,在中国《侵权责任法》上也是如此。

由于过错要求行为的不法性,根据奥地利法,问题的关键即在于何种行为得被界定为不法。在此问题的回答上,关键的是,依据《奥地利普通民法典》第1295条的规定,法律承认了绝对权:他人必须尊重这些权利,这意味着在他人合理期待的限度内不能危及这些权利。

关于纯粹经济利益以及对既存合同的侵害,我们需要指

---

① 该条的英文译文参见 *Fedtke/Wagner-von Papp* in Oliphant/B. C. Steininger, European Tort Law: Basic Texts 93。

出奥地利法——同样也包括中国法①——与德国法之间的差异并不像人们想象中的那样大,尽管奥地利法的规定更为宽泛。理由在于,对某种特定权益的保护范围决定于应被加以权衡的多个不同因素。② 由于每一受保护的领域都意味着对他人行为自由的限制,因此保护的确认要求平衡需要受到保护之人和第三人之间的利益。首先,就保护而言,权益的明显性是重要的,因为权益越是明显,对其给予保护就越合理。其次,保护的程度取决于权益的位阶。再次,行为人与权益受到危及之人之间的关系或接近性也应被加以考虑。

对纯粹经济利益的保护程度是非常低的,因为其位阶最低且不具有明显性。此外,存在大量无法预知的原告的风险,也必须被加以考虑。因此,仅在行为人和受害人之间存在特殊的接近性,或者相比于受害人而言行为人的利益价值更小且其故意导致损害的发生时,对纯粹经济利益给予保护似乎才是合理的。③ 这意味着,例如,行为人不得通过不正当竞争而导致他人遭受纯粹经济损失,但其被允许通过公平竞争而导致他人损失,甚至其是故意为之。

81

尽管奥地利法及德国法在上述问题的处理结果上是类似的,但二者间仍存在一些区别。例如,德国法律人只能在侵

82

---

① *Koziol/Zhu*, Backgrounds and Key Contents of the New Chinese Tort Liability Law, JETL 2010, 338.
② 参见 *Koziol*, Basic Questions, no. 6/39 ff.
③ 更为详细的论述参见 *Koziol*, Basic Questions, no. 6/47 ff.

权责任和更为严格的合同责任之间进行选择。而奥地利法更富有动态性,例如,奥地利法呈现出了其依据当事人之间接触的强度而对责任进行等级排序的可能性,在此过程中无须考虑接触的性质(如合同抑或侵权)。因此,奥地利法律人并不被强制在合同责任与合同外责任之间进行选择,而是可以接受中间阶段,并且不仅可以考虑法律交易领域的接触,同样也可以考虑其他的社会接触,如登山小组的参与人之间的关系、家庭成员之间的关系、发布招股说明书的公司和投资者之间的关系。奥地利民法典的动态品格使得法院能够考虑到全部的相关因素。

83 《奥地利普通民法典》与中国《侵权责任法》及《德国民法典》类似,其也包含了大量的特殊规定。

二、责任构成的一般要件

84 责任构成的首要要件是原告遭受了损害,因为损害赔偿法的首要目的是——也理所当然地是——对已发生损失的赔偿。

85 然而,人们需要注意到的一项基本原则[①]是,每个人须承担与其自身的财产和利益相关的风险并因此而必须承担其自身的损失。该项原则被明确规定于《奥地利普通民法典》

---

① 这一原则同样为德国法、其他大陆法系制度及普通法所承认。

第1311条第一句：因纯粹的偶然事件而产生的财产或人身的损害，由受害人自己承受。然而，如果他人相比于受害人距离损害更近，则受害人对他人享有损害赔偿请求权。问题的关键在于，在何种条件下受害人被允许将其损害转移至他人是合理的？

根据奥地利法——正如根据几乎所有其他法律制度一样——某人就某一特定损害承担责任，仅在该人与损害之间存在关联时才可以成立。根据《奥地利普通民法典》第1295条第1款的规定，引发损害的致害方须赔偿损害。因此，仅在某人导致损害发生的情况下，方可令其承担责任。① 86

但是，仅凭因果关系本身并不足以构成将损害由受害方转移至他人的充分理由。奥地利法如所有其他欧洲各国的法律制度一样，要求仅在其他相关归责要素也具备时，方可成立责任。若干世纪以来，过错一直被认为是责任成立的最为重要的因素。但是，也同样存在其他适于责任成立的要素。 87

三、过错责任

与德国法一样，过错责任在奥地利损害赔偿法中也处于核心地位。进而，在奥地利法和德国法的规定结构上，二者 88

---

① 但这并不要求其自身实际地导致了损害的发生，经常存在的情形是其所控制的领域为损害发生的原因即已足够。此种情形存在于，例如，替代责任或对危险物的严格责任，如铁路或机动车。

存在着很强的相似性。《德国民法典》规定了三个基本条款，即《德国民法典》第 823 条第 1 款关于绝对权的规定、第 823 条第 2 款关于具有保护目的的法律的规定以及第 826 条关于违反善良风俗行为的规定。《奥地利普通民法典》的最初版本仅包括第 1295 条的一般性规定（现为 1295 条第 1 款）以及一条关于具有保护目的的法律的规定（第 1311 条第二句）。以《德国民法典》的相关规定为参照，《奥地利普通民法典》在 1916 年增加了第 1295 条第 2 款关于违反善良风俗行为的规定。

89 然而，正如我们之前所提及的，在狭窄、僵硬及彻底的德国规定与宽泛、动态的奥地利规定之间存在根本的不同。二者的共同之处在于，责任的成立均要求行为人的行为具有违法性和行为人具有过错。但即便在违法性上，德国法及奥地利法间也存在不同的判定标准。[①] 德国法律人更喜欢返回到《德国民法典》第 823 条第 1 款之文义的结果不法说（*Erfolgsunrechtslehre*），即对绝对权的直接侵害通常被认定为不法。而在奥地利法上，行为不法说（*Verhaltensunrechtslehre*）居于主流地位。根据行为不法说，违法性取决于对注意义务的违反。我们认为这一学说是更具合理性的。首先，过错责任立基于对行为人的责难。因此，行为人的行为具有重要意义，这表明必须以行为为基础评价违法性，而非以结果为基

---

① 更为详细的论述参见 *Koziol*, Basic Questions, no. 6/2 ff.

础。其次，人们需要追问在行为人已尽可能小心的情况下，还有什么能够构成对其的责难。例如，为短暂休息，滑雪人A正确地停留在滑雪道的边缘。滑雪人B以高速冲下来并撞到A的身上。B因与A相撞而受伤。此时，德国法律人会认为A具有违法性，因为其直接侵害了B的绝对权。我们认为，此种认定方式是无益的。但是，在最终的结果上，德国法律人与奥地利法律人会得出一致的结论，即A无须对B进行赔偿。德国法律人会认为，尽管存在违法性要件，但A因为没有过错而无须承担责任。奥地利法律人会认为，即便是违法性也是不存在的。但是，在责任的成立不以过错为要件的情形下，即仅基于违法性而成立责任时，德国学说与奥地利学说间的区分仍然具有意义。

关于过错，德国学说与奥地利学说间也同样存在实质性区别。① 依据德国通说，过错的认定适用客观标准或规范标准。这意味着，在过错的判定上，行为人个人的精神及身体能力并非是决定性的，而某一群体的典型能力具有决定性意义。相反，根据奥地利法上的通说，对行为人过失的评价是基于其主观上的可责难性。因此，奥地利学者及法院认为，仅在行为人通过其主观意志的适当努力能够认识到其行为为

---

① 参见 *Widmer*, Comparative Report on Fault as a Basis of Liability and Criterion of Imputation, in: Widmer (ed.), Unification of Tort Law: Fault (2005) 347 ff，相关国家的报告请参见本书的其他部分；*Koziol*, Comparative Conclusions, in: Koziol (ed.), Basic Questions of Tort Law from a Comparative Perspective (2015) no. 8/229 ff，其中也包括了相关国家关于过错的报告。

危险及违法而本可不为此行为时,该行为人才可被认定为存在过失。由于主观标准的适用,在过错的认定上,人们需要检视具体的行为人在行为时的能力是否足以避免损害的发生。对此规则,仅有一项例外:根据《奥地利普通民法典》第1299条的规定,如专家缺少其职业所要求的能力时,须承担责任。因此,此时对过错的认定适用规范的标准。在此,我们必须再次承认,我们认为奥地利法上的观点是合理的:德国学说会导致一种以有限能力者所引发的特殊危险为基础的严格责任。而这会导致价值体系的不一致:如果,对于未成年人和老年人,人们需要考虑该相关年龄群体的个人能力,那么,就没有充分的理由不去考虑冷漠暴躁者、目光短浅者或者急躁者的典型能力。专家作为例外情形并非不符合逻辑,而是能够因下述考虑而被正当化:某人从事一项要求其具备特殊知识与智力的职业,尽管其不具备职业所要求的能力,但若其从事了该职业,就会引发特殊的风险。例如,结构工程师错误地计算了桥梁构造的数据,使桥梁处于坍塌的危险之中,或者医院的医生因其不正确的处理而使病人遭受损害。

四、对自身无过错行为的责任

91 中国《侵权责任法》第32条规定:"无民事行为能力人、限制民事行为能力人造成他人损害的,由监护人承担侵权责任。监护人尽到监护责任的,可以减轻其侵权责任。有财产的无民事行为能力人、限制民事行为能力人造成他人损害的,从本人财产中支付赔偿费用。不足部分,由监护人赔偿。"中国法上的处理方式——尽管监护人尽到监护义务,其仍需承担责任,但赔偿可从被监护人的财产中支出——对奥地利及德国的法律人而言是非常有趣的,因为此种方式与德国法及奥地利法上的做法有很大的不同。① 特别令人惊讶的是,最终可由被监护人赔偿损害,尽管其并无过错,甚至违法性也并未作为前提而被提及。因此,儿童的责任似乎要比成年人(具备完全行为能力者)更为严格——这与法国法的趋势相类似。②

奥地利——以及德国——侵权法在一定程度上规定了对自身违法行为的无过错责任,而原则上行为人对损害的发生无须承担责任。在此,我们首先论及儿童,其次论及精神疾病患者。根据奥地利法(《奥地利普通民法典》第176条),年满14岁者原则上应承担责任。未满14岁者于个案中应否承担责任,取决于该人是否具有足够的判断能力(《奥地利普通民法典》第1310条)。

但即使未满14岁的未成年人或精神疾病患者的行为并无过错,如果其行为具有违法性且在符合特定条件的情形

---

① 参见 *Koziol/Zhu*, JETL 2010, 346 f.
② 参见 *Moréteau*, Basic Questions of Tort Law from a French Perspective, in: Koziol (ed.), Basic Questions of Tort Law from a Comparative Perspective (2015) no. 152 f.

下，也必须对受害人给予赔偿（《奥地利普通民法典》第1310条，《德国民法典》第829条）①；不过，他们的赔偿义务附属于父母或其他监护人责任。然而，如果受害人不能从首要责任人（监护人）处获得赔偿，法官被允许判定行为人承担全部或合理部分的赔偿责任。在责任及其范围的确定上，法官尤其须考虑行为人和受害人的经济状况。如果法官认为行为人相比于受害人更容易承担全部或部分损失，则未成年人或精神疾病患者须对受害人给予赔偿。

94 　　我们在此强调这一规定的理由在于，其能够展现如果致害方并无主观过错但其行为具备违法性时，承担损害的财产能力是一项适于认定责任成立的要件。

五、替代责任

95 　　在奥地利及德国合同法领域，替代责任是承担责任的委托人（*principal*）或本人的无过错责任（《奥地利普通民法典》第1313a条，《德国民法典》第278条）。委托人应对其所雇用之人在履行义务中的任何违法行为承担责任。

96 　　与合同法上的规定相类似，奥地利侵权法上的替代责任

---

① S. Hirsch, Children as Tortfeasors under Austrian Law, in: Martín-Casals (ed.), Children in Tort Law I: Children as Tortfeasors (2006) 7 ff.

是任命辅助人一方在一定程度上的无过错责任。① 但委托人仅在极小的限度内承担责任：根据《奥地利普通民法典》第1315条的规定，如果某人指定了一个具有危险性或不适合的辅助者，则该人应承担责任；此外，该人仅对受其指示而行为者承担责任。在具有危险性的辅助者造成损害的情形，委托人仅在其知道该危险性时才承担责任。如果根据辅助者的能力，其不适于被委托的工作，则该辅助者就是不适合的。委托人的责任通常适用于不适合的辅助者在履行其所负责的事务时导致他人损害的情形——选任辅助者的过错并不具有决定意义。如此规定的基本理念在于，能力的缺乏创设了一项特殊的危险源，因此，无过错责任在此具有合理性。在此方面，委托人责任为无过错责任，且就此而言，奥地利法相较于德国法更为严厉。更准确地说，德国侵权法关于选任监督辅助者的过错，仅规定了举证责任倒置（《德国民法典》第831条）。

需要注意的是，雇主的替代责任并不排除辅助人应对其自身的过错行为承担责任。 97

奥地利法及德国法关于替代责任的规定通常被认为限制性太强。然而，直至目前，奥地利法上对替代责任的扩张仅 98

---

① *Koziol/Vogel*, Liability for Damage Caused by Others under Austrian Law, in: Spier (ed.), Unification of Tort Law: Liability for Damage Caused by Others (2003) 11 ff. 同样参见 *Koziol*, Liability for Agents and Agent's Liability under Tort Law (translated into Chinese by Zhang Jia Yong and Aojie Zhou), Global Law Review (Beijing) 37 (2015) no. 4, 5.

在危险物品保有者严格责任的诸多规定中有所体现。基于特殊的危险性，立法者不仅规定了通常具有最高额限制的无过错责任，同时也规定了广泛的无最高额限制的替代责任。

六、基于物之危险性的责任

99　　中国《侵权责任法》第 69 条规定了高度危险活动情形下严格责任的一般条款。① 通过设计此种基于危险性的严格责任的一般条款，中国的立法者已迈出了勇敢的一步，这与某些现代欧洲法典及草案相一致。② 此种关于严格责任的一般性规定为比较法的分析③及基于一般理念④的严格责任的观点所支持，因此，立法者不应该仅对得以适用这些理念的全部领域中的部分情形进行规定，因为这会导致体系的矛盾。

100　　奥地利法及德国法⑤因缺少此种一般条款而过于老旧，立法者仅通过补充性法律规定了关于不同危险物保有者的严格责任，如核工厂、机动车、铁路和电网。此外，《奥地利

---

① 更为详细的论述参见 *Koziol/Zhu*, JETL 2010, 339 f.
② 瑞士、奥地利及法国的草案参见 *B. Winiger* (ed.), Europäisches Haftungsrecht morgen (2008).
③ *Yan Zhu*, Gefährdungshaftung (Strict Liability) and its Legislation by Means of a General Clause, Zhongguo Faxue [China Legal Science] 3 (2009) 30 ff.
④ 更进一步的论述参见 *B. A. Koch/Koziol*, Comparative Conclusions, in: B. A. Koch/Koziol (eds.), Unification of Tort Law: Strict Liability (2002) 407 ff.
⑤ 就此参见 *B. A. Koch/Koziol* (Austria) and *Fedtke/Magnus* (Germany) in: B. A. Koch/Koziol (eds.), Unification of Tort Law: Strict Liability (2002) 9 ff and 147 ff.

媒体法》规定，如果出版物存在错误，且非以公共利益为主导，则媒体持有人承担严格责任。规定此种严格责任的理由在于，通过杂志及电视对相关信息的公布具有特殊危险性，即存在损害第三方名誉的危险。

立法者对危险物的选择给人以非常随意的印象，如大坝和制造炸药的工厂并未被包含其中。需要强调的是，在奥地利法上，制定法中对严格责任规定的不完全性并不如德国法那样紧要：在奥地利法上，通常会接受对严格责任的类推适用，德国法对此则予以拒绝。我们认为，奥地利法的处理方式是正确的，因为制定法对危险物保有者严格责任的所有规定都是基于同样的基本理念：将危险物品导致的损害归责于其保有者是更为合理的，因为保有者为其利益而使用危险物品且其有机会施以影响并预防损害。101

七、产品责任

另一严格责任的类型是产品责任。在此问题上，《奥地利产品责任法》遵从了欧盟指令。如果产品存有缺陷并导致他人人身或财产的损害，则将产品投入流通领域的生产者承担无过错责任。102

此种责任并非基于产品的特殊危险性。因为，与此相关的物和行为均不具有特殊的危险。我们认为另一理念是非常103

重要的①：基于经济原因，产品并不符合安全和质量所可能达到的最高标准。如果因为此种较低标准的商品被以更低廉的价格售出，仅是无缺陷产品的获得者享有了这一利益，而有缺陷产品的获得者将会受到损害并不得不承担此种不利。这样的结果并不合理。相反，所有的获益者应该共同承担该风险。通过将损害由购买者转移至生产者即可实现这一目的。生产者可通过提高产品价格而将费用转移给所有的购买者。

104　　对此，中国法上的规定并无多大不同。中国《侵权责任法》第41条规定："因产品存在缺陷造成他人损害的，生产者应当承担侵权责任。"依据侵权责任的一般条款，该条规定有可能被理解为过错责任。然而，该法随后的规定已经使其足够明晰——与世界趋势相一致，即该条规定为严格责任。

八、与有过失

105　　在很多情况下，损害的发生并非仅由被告方的过失所导致，原告方对损害的发生也存在过失。在罗马法的影响下，"过错赔偿"规则在欧洲的法律制度中居于主导地位，在英格兰甚至持续到20世纪中期。依据该规则，如果原告尽到

---

① *Koziol*, Basic Questions, no. 6/201 ff.

通常的注意即可避免损害的发生，则原告根本不能主张损害赔偿——被告的过错已被原告的过错所抵消。

因此，值得注意的是，1811年的《奥地利普通民法典》放弃了这一古老的规则。根据《奥地利普通民法典》第1304条的规定——《德国民法典》第254条与此类似——如果行为人和受害人对于损害的发生均有过错，则损害必须由二者分担。① 这一规定遵循了平等原则②：如果双方的违法行为与损害之间均具有条件因果关系（conditio sine qua non），则双方均应承担该损失。当然，中国《侵权责任法》第26条也采取了现今几乎为全世界所接受的比较过失理念。

106

现代平等理念使得分担规则相比于《奥地利普通民法典》第1304条的规定在更大范围内被适用：如果受害方是应承担无过错责任的危险物品的保有者，且物品的危险性对损害的发生也有贡献，则行为人——正如在与有过失的情形中一样——仅需赔偿部分损害。

107

九、损害赔偿

首先，我们必须指出，奥地利损害赔偿法的首要目的在

108

---

① 更为详细的论述参见 Hinteregger, Contributory Negligence under Austrian law, in: Magnus/Martín-Casals（eds.）, Unification of Tort Law: Contributory Negligence (2004) 9 ff.
② 参见 Koziol, Basic Questions, no. 6/204 ff.

于受害人从致害方处获得赔偿。① 除此之外，损害赔偿法也着眼于损害的预防②：损害赔偿责任对于特定的侵权人具有威慑效果并因此也具有了一般预防的效果。在此，我们必须强调，欧陆法典与普通法相比的主要不同之处在于，前者——相比于中国《侵权责任法》第 1 条——并未规定惩罚性赔偿和象征性赔偿，因为其首要功能在于损害的填补。纯粹的惩罚被认为是刑法的职责。

109　　根据《奥地利普通民法典》第 1323 条的规定，损害赔偿首先应通过恢复原状来实现。这意味着，被告必须使受害人恢复至如同损害并未发生时的状态。恢复原状的优先适用源于其可最好地实现损害填补功能这一理念。

110　　如果恢复原状为不可能或不切实际，如耗费过巨或原告并不想选择此种赔偿方式，则行为人须对受害人进行金钱赔偿。

111　　关于赔偿范围，奥地利侵权法与所有其他欧洲法律制度存在一项重要的区别：根据奥地利法的规定，侵权人并非总是必须给予全部赔偿。损害赔偿的范围取决于其过错程度（《奥地利普通民法典》第 1324 条）。如果致害方仅具有轻过失，其仅需赔偿实际损失，而无须就利润损失进行赔偿。仅

---

① F. Bydlinski, System und Prinzipien 187 ff.
② Koziol, Prevention under Tort Law from a Traditional Point of View, in: Tichý (ed.), The Ideas of Prevention in European Law (2012) 133 ff. 该文的中译本参见梁慧星主编：《民商法论丛》（第 54 卷），法律出版社 2014 年版，第 101—127 页。

在侵权人具有重大过失或故意时，其方承担全部赔偿责任，包括非财产损害。奥地利学者认为这是合理的，即侵权人的过错程度应对损害赔偿的范围有所影响。然而，这一不具有动态性的规定也受到了批评。①

在严格责任领域，德国法以及奥地利法（在一定程度上）通过设置最高赔偿限额对赔偿责任加以限制。这种在世界范围内独特的态度受到了很多学者的尖锐批评。庆幸的是，奥地利立法者近期已有所转变：其最近关于严格责任的立法已不再设置最高限额。 112

如果侵权人因重大过失或故意而造成损害，其应赔偿原告的全部主观损失。对损害的评估——如同德国一样——采取差额法（Differenzmethode）。人们需要对原告的现有财产状况和如同损害行为并未发生时的假设财产状况进行比较。二者的差额即是原告的主观—具体损失。 113

正如上文所提及的，在轻过失情形，根据奥地利法侵权人仅需赔偿受害人的实际损失。此外，评估必须采取客观—抽象的方式（参见《奥地利普通民法典》第1332条）。按此规则，在对既存之物的损害的计算上，市场价值通常必须被认为具有决定性意义。然而，若非物受到损害，而是损害表现为金钱债务或费用，则不可能采取客观—抽象的计算 114

---

① *Wilburg*, Die Elemente des Schadensrechts（1941）249 f；*Karner* in Koziol/Bydlinski/Bollenberger, ABGB⁴ § 1293 no. 3.

方式。

115 奥地利学者①认为，基于受害方受到侵害的权利或为法律保护的客体继续存在于受害方的损害赔偿请求权之中这一理念，可证明客观—抽象的计算方式是合理的，该理念以预防原则为基础。

116 当我们对损害的计算采取主观—具体的计算方式遭遇困难时，采取客观—抽象的计算方式则可使问题轻松解决。例如，在转移损失的情形下即是如此：物的所有人签订了一项有效的赠与合同；在赠与物的所有权转移至受赠人之前，该赠与物被第三人所损坏。在此情形下，如对损害的计算采取差额法，则赠与人没有遭受损失，因为其必须无报酬地转移所有权。而在另一方面，受赠人不享有请求权，因为在物遭受毁损时，其非所有权人，因此侵权人并未侵犯其物权。此时若对损害的计算采取客观—抽象的计算方式，答案当然是：根据受侵害的权利继续存在于损害赔偿请求权之中的理念，人们必须对受到侵害的财产进行独立评估，而并非全部财产状况。因此，侵权人必须以市场价值对赠与人进行赔偿，因为后者是所有人；而对于已将该财产赠与给他人的主观因素，则必须不被加以考虑。顺便需要提及的是，赠与人当然需要将其获得的赔偿给予受赠人，因为该赔偿代替了赠与物。

---

① 更为详细的论述参见 F. *Bydlinski*, System und Prinzipien 191 f.

商业价值降低的问题为客观—抽象的计算方式之有用性 **117**
提供了另一例证：由于汽车的市场价值取决于车辆是否遭遇
过事故，车辆所有人有权主张减损价值（减少的商业价值），
而无须考虑所有人是否出卖该车。若通过差额理论计算主观
损害，则所有人仅在其以较低的价格出卖该车时才遭受了损
失。如果所有人没有出卖该车，则减损的商业价值对其财产
并不具有任何影响。然而，如果采取客观—抽象的方式计算
损害，就可以避免这一问题，因为只有汽车价值的降低才是
损害计算的关键性因素，而受害人财产的其他任何情况均不
被考虑。

十、责任限制

最后，我们对限制责任的方法进行一些简要的介绍。在 **118**
很多时候，侵权人就其过错行为所导致的每一项损失都承担
责任似乎并不合理。例如，在一个古老的德国假设案例中：
A 造成了 B 损害，而 B 是一个著名的歌剧演员。因此事故，
B 无法在第二日晚间的歌剧中出演。当然，有过失的 A 需要
赔偿 B 的损失。但问题在于，A 是否也需对经营剧院的公司
C 给予赔偿，因为 C 不得不取消演出并退还观众购票的费
用；D 是歌剧院自助餐的经营者，A 是否需赔偿 D 的收入损
失；同时，因为 E 是公共交通公司，A 是否也需赔偿 E 的损
失。另一个例子是：A 是一个很出色的驾驶者，但他没有驾

照。然而，某日其驾驶一辆汽车，尽管已极尽小心，但仍撞到了粗心的步行者 B。尽管 A 在驾驶过程中尽到了最大限度的谨慎，但其应因无证违法驾驶而承担责任吗？最后一个例子：A 过失地导致了窃贼 B 的损害，后者正在去往一个非常有希望实现入室盗窃的路上。A 需要对 B 的"收入损失"承担责任吗？

119 《奥地利普通民法典》和其他欧陆各国民法典并未明确规定过错侵权人责任的限制方法。但奥地利法律人①发展了规范保护目的理论（*Rechtswidrigkeitszusammenhang*，*Schutzzweck der Norm*）。该理论在确定何人得享有请求权以及何种损失必须获得赔偿上，具有决定性意义。因此，规范的保护范围与两个方面的因素相关，即侵权人仅需赔偿法律欲保护之人的损失以及被违反的法律所欲避免的损失。②此种对责任的限制，是运用为人们所普遍接受的目的论解释方法（*teleologische Interpretation*）的结果。③规范保护目的原则特别适用于违反具有特别保护目的法律的情形（《奥地利普通民法典》第 1311 条）。但是，其也被一般性地适用于违反注意义务的全部情形。此外，如果法律规定有严格责任，则法律规范的目的也必须被考虑，即必须检视在得以证成严格责任的特殊危

---

① *Rabel*, Das Recht des Warenkaufs I (1936) 459 ff；*Wilburg*, Elemente 244 ff.

② 更为深入的论述参见 *Karollus*, Funktion und Dogmatik der Haftung aus Schutzgesetzverletzung (1992) 339 f.

③ *Karollus*, Schutzgesetzverletzung 347 ff.

险与损害之间是否存在某种关联。

关于前述假设案例：在歌剧演员案中，应认为，A 违反了旨在保护人之健康的法律，在此案中为歌剧演员的健康。该法律并不具有防止他人遭受任何纯粹经济损失的目的。在驾车案中，决定性的观点是，被违反的规范意在避免因司机不具有驾驶能力所导致的事故。在第三个与盗窃相关的案例中，应认为，法律并非意在保护违法所得。 **120**

另一限制责任的方法是"相当性"：侵权人必须就相当的损害而非间接损害给予赔偿。有人主张，如果侵权人在行为时为恶意及明知，则不适用此种限定。 **121**

上述论述会使我们得出最后的结论：根据奥地利瓦尔特·威尔伯格①教授所引入的理念，我们认为，相当性与规范保护目的之间的界限并非泾渭分明且并非总是一致。界限的划分取决于对得以成立责任的全部要素的权衡。例如，如侵权人过失极小，相当性及规范保护目的就必须以一种限定的方式被解释。相反，如侵权人恶意而为，即便是对于极为间接的损害，其也须进行赔偿。 **122**

---

① Elemente 242 ff；同样观点参见 *Karollus*, Schutzgesetzverletzung 380 ff.

第七章

权利的移转[①]

一、概论

《奥地利普通民法典》第 1392 条及其以后的条文规定了通过合同而转移权利的规则（债权让与）；这些规定并未涵盖物权的变动，后者被分开处理。[②] 另外，关于债权让与的规定也可类推适用于变更法律关系的权利（例如，基于错误而撤销合同的权利）。[③]

债权让与会导致债权人的变更：受让人取代让与人的地位，其享有与之前债权人相同的权利（《奥地利普通民法典》第 1394 条，《德国民法典》第 398 条有类似规定）。因此，债务人的法律地位并未发生变化。

[①] *Apathy*, Die Forderungsabtretung, insbesondere zur Kreditsicherung, im österreichischen Recht, in: Hadding/Schneider（eds.）, Die Forderungsabtretung, insbesondere zur Kreditsicherung, in ausländischen Rechtsordnungen（1999）509; *Lukas*, Zession und Synallagma（2000）.
[②] 参见边码 142 及其后的论述。
[③] 更为详细的论述参见 *P. Bydlinski*, Die Übertragung von Gestaltungsrechten（1986）。

125　原则上，所有的权利均可被转让，但也存在例外：具有人身专属性的权利（例如，雇主对雇员的履行请求权；《奥地利普通民法典》第1153条）是不可转让的（《奥地利普通民法典》第1393条，《德国民法典》第399条）。但是，未到期的债权甚至尚未发生的债权①同样具有可让与性。

126　根据通行的判例法规则②——但与主流学说相反③——若债权人与债务人存在禁止转移之约定，则该权利不得被让与，这遵照了德国法的规定（参见《德国民法典》第399条）。然而，此种约定是否有效或是否有悖于禁止性规定及善良风俗则必须被加以检视（《奥地利普通民法典》第879条），因为这一约定对债权人而言可能是不公平的。2005年新增的《奥地利普通民法典》第1396a条④规定了关于经营者间所订立的禁止让与协议的特殊规则。⑤ 依据该规定，首先，此种协议仅在双方经特别协商而确定的情形下方为有效；因此，交易中的概括性条款及条件条款不具有禁止让与的效力。其次，不得以严重不利的方式影响债权人的利益。

---

　　① 参见 *Beig*, Die Zession künftiger Forderungen (2008); *Koziol*, Abtretung künftiger Forderungen und Konkurs des Zedenten, ÖBA 1998, 745。

　　② 参见奥地利最高法院（OGH）1984年的判决，载于 SZ 57/8。

　　③ *Koziol*, Das vertragliche Abtretungsverbot, JBl 1980, 113；更为详细的论述参见 *Hofmann*, Absolute Wirkung des Zessionsverbotes, ÖBA 1995, 919。

　　④ 《德国商法典》第354a条同样规定了关于商事交易的特殊规则。

　　⑤ *P. Bydlinski/Vollmaier*, Die gesetzliche Entschärfung vertraglicher Abtretungsverbote und Abtretungsausschlüsse (§1396a ABGB), JBl 2006, 205; *Lukas*, (Neu-) Regelung des Zessionsverbots, ÖBA 2005, 703。

此外，即便禁止让与的协议为有效，也无法阻止债权的让
与。在此情形下，债权的让与仅会引发让与人对债务人因此
而遭受损害的赔偿责任。

除去通过合同而转移权利之外，法典同样接受了所谓债 **127**
权的强制让与（《奥地利普通民法典》第1422条）①：若某人
清偿了他人的债务，而其本身并无清偿责任，那么，其得于
清偿前或清偿时请求债权人让与其权利。在此情形，要求转
移本身即足以使权利发生转移。债权人的同意非为必要。因
此，债权人仅能通过拒绝接受给付而避免权利的移转。

此外，《奥地利普通民法典》第1358条（《德国民法典》 **128**
第774条有类似规定）规定了所谓法定转移：若某人对他人
债务负个人责任或以特定财产对他人债务负担责任并因此而
清偿了他人之债务，那么，其可无须其他条件地取得债权人
的权利，并可向债务人求偿。类似规则存在于保险法中：如
果保险人赔偿了被保险人的损失，而该损失应由有责任的第
三人承担，那么，受害人的权利转移至保险人。

二、通过合同让与权利情形下的权利移转

权利转移以让与人和受让人之间的让与权利之基础合同 **129**
的有效为先决条件。此种要求源于《奥地利普通民法典》第

---

① 《德国民法典》中并未规定类似规则。

380条关于所有权的取得须具有正当原因的一般性规定，即双方的协议为权利的转移提供了正当性基础，如购买或赠与。① 该规则的适用源于对"物"之概念的宽泛界定（"所有权"的概念也因此被宽泛界定）。② 依此界定，权利也属于物，如此，所有权在更为宽泛的意义上是指财产归属于某人的全部形式，其中也包含了归属于债权人的债权。因此，根据《奥地利普通民法典》的规定，债权人是债权的所有人。此外，适用《奥地利普通民法典》第380条意味着，除应具备正当原因外，权利的转移要求一项独立的处分，即转移债权所有权的合意。然而，通常并不要求以某特定行为来表彰此种转移，一项口头的协议即已足够。尽管在德国法上因设定担保而产生的权利让与也适用上述规则，但在奥地利法上此种情形下的权利让与——如质押（《奥地利普通民法典》第452条）③——要求相关主体为某特定行为以便于人们得以知晓权利发生了转移，即或者是通知债务人或者将权利的转移记载于簿册。④

---

① 就此及德国法上的不同做法，参见边码145及其后的相关论述。
② 参见边码137及其后的相关论述。
③ 参见边码163及其后的相关论述。
④ *Apathy* in: Hadding/Schneider, Forderungsabtretung 518; *Koziol*, Sicherungszession und andere Mobiliarsicherheiten aus rechtsvergleichender Sicht, in: Wiegand (ed.), Mobiliarsicherheiten (1998) 24 ff.

三、对债务人的保护

由于受让人仅是获得了让与人的权利,债务人的法律地位并未因该权利之让与而变得更为不利;因此,根据法典的规定,债务人同意或被通知并不是权利让与的生效要件。然而,不知晓权利的让与会将债务人置于其向原债权人而非实际债权人履行债务的风险之中,因此其因未履行应履行的债务,而并未使自身从债务中解脱出来。为实现对债务人的保护,《奥地利普通民法典》第1395条及第1396条(参见《德国民法典》第407条)规定,若债务人不知权利之让与,其有权向原债权人给付并因而消灭其债务。

130

四、受让人的地位

可能存在的情形是,被认为已转让的权利事实上并不存在,或债务人向受让人提出了为后者所无法预见到的抗辩,或债务人无偿付能力。在这些情形中,若让与人无偿转让债权,则其不承担责任。然而,如为有偿让与,则让与人基于让与协议而负有保证义务。① 《奥地利普通民法典》第1397条及其后的条文明确规定,让与人对权利的有效性、无不可

131

---

① 更为具体的论述参见 Iro, Probleme der "Haftung des Zedenten", JBl 1977, 449。

预知之抗辩及债务人的偿付能力负责。同时，关于保证的一般性规定于此处也可适用（《奥地利普通民法典》第922条及其后的规定）。①

---

① 参见上文边码38及其后的论述。

第八章

诉讼时效

一、概论

诉讼时效制度首先用于保护所谓债务人免受无根据之诉讼，但同时其也导致了既有权利的不可执行性。正如比德林斯基①所强调的，仅因时间的经过而丧失既有权利或至少导致权利的不可执行，是对有充分依据之权利的保护、自由原则及正义理论的一种严重的损害。因此，诉讼时效也被视为一种对权利的剥夺②；然而，必须注意到，诉讼时效制度于个案中的适用仅使某一特定债务人获得利益而非为公共利益。正如比德林斯基进而所指出的，法律史及比较法明确地证实了时效制度的必要性与当然性。这一观点可为其他的法律基本原则所支持，特别是基于一般意义上的法律确定性③、可行性及经济效用的需要。

---

① *F. Bydlinski*, System und Prinzipien 167 f.
② *Zimmermann/Kleinschmidt*, Prescription: General Framework and Special Problems Concerning Damages Claims, in: Koziol/B. C. Steininger, Yearbook 2007, 31.
③ *Piekenbrock*, Befristung, Verjährung, Verschweigung und Verwirkung (2006) 317 f.

然而，正如本·纳德·考赫（B. A. Koch）①所强调的，原则上，一项权利一旦产生，仅在其他利益相比于该权利更为重要时，方可对其进行法律上的限制。正如齐默尔曼②所强调的，关于时效应于何时被适用，应取决于对相互对立之利益的认真权衡。除应考虑被告的利益之外，还应特别考虑防止日益增加的证据困难、始料不及之诉讼及被告得以对此诉讼进行安全的处理，以及对公共利益的威胁，具体指权利的及时行使、法律之下的和谐、法律的确定性及确保法院不会承载过重的负担。但无论如何，应首要考虑原告的利益，即其有充分的机会行使其权利。③

二、时效期间

《奥地利普通民法典》第1478条第二句规定，就绝对的诉讼时效而言"单纯地不行使某项本身可被行使的权利届满三十年的，即为时效之完成"。④ 立法者很明显地认为，债

---

① Verjährung im österreichischen Schadenersatzrecht de lege lata und de lege ferenda, in: Liber Amicorum Pierre Widmer（2003）174.

② *Zimmermann*, Comparative Foundations of a European Law of Set-Off and Prescription（2002）76 ff.

③ 就此，最近的论述参见 *Vollmaier*, Verjährung und Verfall（2009）50 ff；其他相关论述参见 *Koziol*, Basic Questions, no. 9/1 ff.

④ 奥地利法就法人权利采取了特殊保护规则，如对国家财产、教会、市政当局及其他法人，《奥地利普通民法典》第1485（1）条规定了40年时效期间。然而，如此规定与《奥地利普通民法典》第26条所规定的自然人与法人具有平等地位的基本理念相冲突。

权人在如此长的时间内的不作为以及债务人对其将不再被主张任何权利的——典型的——信赖已经构成了剥夺债权人权利的充分理由。

然而，法典中也存在针对某些权利的较短时效期间的规定，以及此外的针对某些权利既规定了短期时效期间也规定了长期时效期间的情形。《奥地利普通民法典》第1486条对一些权利规定了3年的时效期间，如产生于日常经营活动中的权利。此外，《奥地利普通民法典》第1489条规定，损害赔偿请求权的诉讼时效原则上为3年，从受害人知晓损害及加害人时起算。仅在受害人不知损害或加害人时，或者损害因犯罪行为所引起，而该犯罪为故意实施且加害人可能被判处1年以上的监禁时，适用30年时效期间。侵权法上的此种针对损害赔偿请求权的相对诉讼时效的适用取决于受害人的知悉，但其他类型的请求权却不能如此适用，如不当得利请求权及基于合同的请求权，后两种情形下也会面临权利人并不知悉相关情况的同样情形。因此，此种规定的合理性似乎是非常值得怀疑的。

新修订的德国诉讼时效规则在整体上似乎更为合理：在规定全部请求权适用3年时效期间之后再规定相对诉讼时效，是具有说服力的（《德国民法典》第199条）。除此之外，德国法也规定了绝对时效期间，即权利失效的最长期间，在其适用上，于任何情形下均无须考虑时效适用的主观要件。关于损害赔偿请求权，法典中依据受到侵害的权利的位阶区分了不同的诉讼时效期间。

第九章

物权法

一、物的概念

物权法所关注的是人就物所享有的权利。因此,为界定何者为物权法所涵盖,我们必须首先厘清法律意义上的"物"究竟指什么。与德国法不同,《奥地利普通民法典》采取了一个非常宽泛的物的定义。根据《奥地利普通民法典》第285条的规定,"一切与人相区别并为人所使用者,均为法律意义上的物"。该规定既包括了有体标的也包括了无体标的。而根据德国法的界定,仅有体标的为物(《德国民法典》第90条)。

依据奥地利法上的宽泛界定,物权法同样扩及至债。然而,很明显的是,债仅在当事人之间发生效力并因此而仅具有相对效力,而物权则对所有人产生效力并因此而具有绝对效力。由于二者在本质上极为不同,因此,同样的规则并不能完全适用于二者。由此,人们必须区分仅能适用于物权的核心意义上的物权法与得以涵盖全部财产归属形式的宽泛意义上的物权法。后者包含了归属于债权人的权利(参见《奥地利普通民法典》第1424条)。因此，根据《奥地利普通民法典》的规定，债权人可被视为其权利的"所有人"。通过此规定，《奥地利普通民法典》强调，主观权利归属于某一特定主体且他人不得侵犯，如他人不得收取归属于债权人的债务。此处，宽泛意义上的物权法概念有助于强调共同的核心。①

139 　　此外，宽泛的物权概念的另一优点体现于，物权法规则得适用于具有绝对权性质的无体标的，如知识产权（例如专利权、商标权和著作权）。在奥地利法及德国法上，关于知识产权的特别法中，如专利法及著作权法，均缺少此种关于基本问题的规定，如知识产权的转移。但在奥地利法上，在宽泛的物权定义之下得适用物权法的一般规则，而在德国法上，因其明确地排除了无体标的得适用物权法，故无法适用。这意味着在德国法上关于债之转移的规定不得不被适用于知识产权的转移。然而，知识产权是绝对权，这意味着其对所有人均具有效力，并因此而同样对第三人的利益有所影响。因此，知识产权与狭义的物权具有诸多共性，而与仅在当事人之间发生效力的债具有明显区别。因此，债的转移规则并不要求任何的转移公示，而绝对权及与其相关的任何交易通常需要为外界所知晓，因为它们会潜在地影响他人的利

---

① 参见 F. Bydlinski, System und Prinzipien 335 f. 但是，在发生第三人侵害的情况下，对债及物权的保护程度当然会存在非常大的不同。

益。① 因此，德国法上所采取的路径，即债的转移规则被适用于知识产权，是非常成问题的。

二、占有

与所有权或担保物权不同，占有非属物权，而是基于对物的现实控制。尽管在德国法上对物的事实上的支配力足以使某人成为占有人［《德国民法典》第854（1）条］，但在奥地利法上使物处于其支配力或管领力之下的人，仅为持有人。此外，占有的构成还要求该人具有将物归其所有的意思（《奥地利普通民法典》第309条）。

占有人受到免于侵扰的保护，并且在占有丧失时享有自力救济的权利（《奥地利普通民法典》第344条，《德国民法典》第859条），同时占有人也可提起旨在恢复占有的占有诉讼（《奥地利普通民法典》第339、346条，《德国民法典》第861、862条）。占有诉讼的目的仅在于恢复前占有人的占有，而非在于判断何人有权占有。此外，奥地利法基于占有人（原告）相比于现时占有人对物的占有具有更强的占有权源而承认了物的交付之诉，该制度要求原告依法有权占有该物，且其基于善意并于之前通过合理的方法获取该占有（《奥地利普通民法典》第372条）。在物被他人从前占有人

---

① 参见下文边码152及其后的论述。

处盗走、前占有人遗失占有物或新的占有人非基于善意获取占有物时，德国法上也规定了类似的诉讼（《德国民法典》第1007条）。

三、所有权的转移

142　　在上文对物的概念①的简要介绍中已展现了在物权法上所存在的若干不同利益。为对此进行说明，我们将从一个简单的案例开始：A 出卖其汽车给 B，并将汽车的所有权转移给 B。B 取得了所有权，即一项得从总体上对抗他人的物权（《奥地利普通民法典》第354条）。由于所有权具有对世效力，汽车所有权的转移不仅影响到双方当事人的利益，即 A 和 B，对第三人也有影响——如 A 或 B 的债权人或 B 将车转售给 C。转让中的当事人 A 和 B 的利益以及相关第三人的利益，彼此间通常具有很大的分歧。

143　　让我们假定 A 在订立买卖合同时存在错误。A 的首要利益是于其撤销合同时恢复其对汽车的所有权。然而，C 作为从 B 处购买汽车的买受人，当然想要保留汽车的所有权而非在其既无法预知该情形也未为任何行为以促使该情形发生的情况下丧失所有权。

144　　各国法律制度采取了极为不同的方式来平衡此种利益冲

---

① 参见上文边码139。

突。对此，存在若干因素得以作为人们决定利益平衡时的提示。即：首先，基础合同（即买卖合同）与所有权转移之间的关系。其次，物权存在与否与交易是否以及在多大程度上能够为外界所获知。再次，也是与此紧密相关的是，即便 B 并非所有权人，第三人 C 是否以及在何种条件下能够取得汽车的所有权，即善意取得问题。

（一）基础合同与所有权转移之间的关系

关于基础合同与所有权转移之间关系的架构，存在几种不同的方式。①

一种方式是，仅要求订立一份有效的合同，基于该合同自身即足以转移所有权，该方式为法国法所采，似乎也是中国法下的通说。因此，当 A 与 B 缔结关于汽车的买卖合同时，汽车所有权也同时发生转移。

另一种方式为奥地利法和德国法所采。此种方式要求在基础合同之上另行缔结一份独立的物权合同，该物权合同可能于订立买卖合同的同时缔结，也可能不于买卖合同订立的同时缔结（《奥地利普通民法典》第 425 条，《德国民法典》第 873、929 条）。因此，除买卖合同之外，A 和 B 必须达成将汽车所有权转移至 B 的合意。

当我们检视买卖合同无效、被撤销或被解除的情况下所

---

① 同样观点，参见 *Baur/Stürner*, Sachenrecht (18th ed. 2009) 56。

产生的法律后果时，法国模式与奥地利、德国模式之间的区别会变得更为清晰。依据第一种模式，其仅要求一项单独的法律交易，所有权会基于合同的合意而发生转移。因此，如果从一开始就没有有效的买卖合同存在，则意味着就不会发生所有权的有效转移。如果合同因错误被撤销或因其他原因而被解除，所有权将自动回归至原所有人。最终，B 并未取得所有权，并因此不能将汽车的所有权转移给 C。故而，在此种情形下，合同双方当事人的利益，尤其是让与方（A）的利益，受到了最为强有力的保护。

另外，如果我们遵从奥地利法及德国法上所要求的应存在独立物权合同（Modus）的区分原则，由此而产生的问题是，一份有效的基础合同（Titel）的缺失是否会对所有权的转移有所影响，如果有，又是如何影响的。德国法采取了抽象原则的路径[1]：得以转移所有权的物权合同在效力上完全独立于基础买卖合同。因此，即便基础合同从未发生过效力或随后失去效力，受让人仍取得所有权。原所有权人不得提起返还原物之诉，而仅得主张不当得利请求权。合同是否自始无效、因错误被撤销或因不履行而被解除在此均不相关，因为 B 在上述任何一种情形下都能够取得所有权并可将其转移给 C。C 的善意与否，同样并不相关——即便其明知 A 与 B 之间的合同是无效的，其也能够取得所有权。由于受让人

---

[1] *Baur/Stürner*, Sachenrecht[18] 55 ff.

取得了所有权并得以将该所有权转让给第三方而不论他们善意与否,此种抽象的制度很明显地提升了对第三人利益的保护。此种对第三人片面的、强力的保护在某种程度上已为下述事实所平衡,即在德国法上对因错误而撤销基础合同——转移物权的法律行为也是如此——的要求更低。①

与德国法相反,奥地利法原则上采取了所有权的转移须具备正当理由(iusta causa)的有因原则,即有效的合同存在。② 有因原则的基本理念是,若所有权人欲将其物权转移给他人,通常应具备一项特殊的理由,如履行买卖合同、赠与或赔偿其所造成的损失。只有存在此种法律原因时,才能够使物权的转移变得可以理解并为转移提供正当性基础。而由萨维尼(Savigny)所引入的德国法上的抽象原则,可能在理论层面非常符合逻辑,但因其否认了一种对于每个人而言都显而易见的联系而与现实相去甚远。

奥地利法——与除去德国法之外的其他大多数法律制度一样——并不认为物权合同是一项完全独立的交易,而是认为基础合同与物权合同具有实际的内在关联。因此,基础合同的有效是作为所有权转移的前提性要件被加以规定的(《奥地利普通民法典》第380条)。事实上,奥地利模式似乎与法国法上的处理方式非常类似,即如果合同不具有效

---

① 参见合同法部分的边码30。
② *Koziol/Welser/Kletečka*, Bürgerliches Recht I[14] no. 388 ff, no. 955 ff; *Iro*, Bürgerliches Recht IV: Sachenrecht (5th ed. 2013) no. 6/41.

力,则所有权不发生转移。然而,奥地利模式是介于法国模式和德国模式之间的一种处理方式。理由在于:首先,其要求存在独立的物权合同,这与德国法相同;其次,并非每一有效合同的缺失都会影响所有权的转移。更准确地说,奥地利法根据无有效合同的原因区分了不同的适用情形。① 如果买卖合同从未存在,如因当事人之间并无协议或合同被撤销(如因为错误),那么,这会影响到所有权的转移,正如法国法和中国法上的做法:所有权自动回归至原所有人处(A)。B 并未取得所有权并因此而不可能将其转移给 C。然而,如果就合同本身而言其不存在任何问题,而仅因存在与履行相关的问题而终止合同时,则不会对所有权的转移产生影响。而仅如德国法上所规定的那样,A 仅享有对 B 的不当得利请求权。

151 我们从上述简要介绍中所得出的总体情况是,法国法在对原所有人 A 的保护上更为有力,而德国法明显地倾向于保护第三人的利益,如 C 在任何情况下均可取得所有权。奥地利法倾向于保护原所有权人 A,但仅在履行中存在瑕疵的情形下,仍然保护第三人利益。因此,可以认为奥地利法在相关主体的利益间实现了一种相当公平的平衡。

---

① *Bollenberger* in Koziol/Bydlinski/Bollenberger, ABGB[4] § 871 no. 20; *P. Bydlinski* in Koziol/Bydlinski/Bollenberger, ABGB[4] § 918 no. 15, § 932 no. 22; *Iro*, Sachenrecht[5] no. 6/37; *Koziol/Welser/ Kletečka*, Bürgerliches Recht I[14] no. 500 ff.

(二) 公示

一个与前述问题不同但极为相关的问题是，所有权的转移是否不仅要求存在一份独立的物权合同，且同时也必须为公众所知晓才能发生权利转移的效力。① 这可通过物的交付或将权利的转移记载于登记簿（如土地登记簿）而实现。 **152**

为使物权的转移发生效力，德国法与奥地利法均要求此种行为［《奥地利普通民法典》第426、431条，《德国民法典》第873（1）、929（1）条］。因此，A 必须实际上将汽车交付给 B，否则所有权不能转移至 B。而法国法并不要求物的交付或者将转移记载于土地登记簿，双方当事人仅缔结合同即已足够。然而，当涉及第三人时，B 仅能于实际受领了该汽车时，方可主张其享有该汽车的所有权。因此，如 A 两次出售其汽车，一次卖给 B，其后又卖给 C，则最终只有实际受领给付者才可主张其对汽车的所有权以对抗另一买受人。 **153**

在要求公示的情形下，公示是否为交易本身的有效要件抑或仅具有对抗第三人的效力？二者反映出的是公示效力的强度以及由此可产生何种结果，如善意取得。② 物的交付本身是一种非常弱的物权公示方式。因为，除对物享有所有权 **154**

---

① 同样观点参见 *Baur/Stürner*, Sachenrecht[18] 637。
② 参见下文边码156 及其后的论述。

之外，某人将物置于其占有之下还存在诸多其他理由。因此，登记提供了更强的公示性。然而，如果登记仅具有对抗第三人的效力——而非为交易本身的有效性所要求——则人们无法确定登记的所有人是否为真正的所有人。根据奥地利法及德国法的规定，某特定物的转移仅在登记时才产生效力，如此确保了登记的正确性，最为重要的是土地登记。在奥地利和德国，所有不动产都被登记于土地登记簿［《奥地利普通民法典》第431条，《德国民法典》第873（1）条］。由此，土地登记簿的正确性及完整性得以被保证。所有人均可信赖被登记的内容是正确的，而在另一方面，没有被登记的权利则被认为是不存在的。①

155 公示是一种保护第三人的手段。因此，一国法律制度对公示的要求越严格，则对第三人的保护就越有力。从这一点上来看，德国法、奥地利法及中国法可被认为更倾向于保护第三人利益，而法国法在这方面所表现的就不那么明显了。

（三）善意取得

156 与前述问题紧密相关的另一问题是，第三人 C 在何种条件下能够取得汽车的所有权，即便出卖人 B 并非所有人而无法转移所有权。如果 C 即便基于善意也无法取得汽车的所有

---

① 由于土地登记具有强烈的可信赖性，因此也有可能基于错误的登记而善意取得土地（《奥地利土地登记法》第28条、第61条及其后的规定，《德国民法典》第891条及其后的规定）。

权，则 A 的利益将会得到最好的保护。相反，如果 C 在无须任何额外条件的情况下都能够取得所有权，则其利益将会得到最好的保护。

善意取得所基于的现实情境是，C 很可能相信 B 是所有人。此种情形存在于，如果 B 占有某物，因为原则上占有某物之人通常为该物的所有者——尽管这一原则并未被严格地坚持，如通过占有改定的方式转移物权（即占有某物的让与人与受让人达成合意，从现在开始让与人以受让人的名义占有该物；《奥地利普通民法典》第 428 条，《德国民法典》第 930 条）。现在，如果 A 因某种原因将车转至 B 处，但未转移所有权，如此第三人可能会认为 B 为该车的所有人。此时，令 A 承担由其自身创设的风险而对善意第三人 C 予以保护，似乎是合理的。而如果 B 从 A 处偷走了汽车并将其卖给 C，此时剥夺 A 的所有权是否公平，是存在疑问的，因为 C 的信赖并非由 A 的行为所引发。

157

基于后一种考虑，德国法规定，物被盗、遗失或以其他方式丧失，不适用善意取得（《德国民法典》第 932、935 条）。奥地利法采取了第一种方式，即规定如第三人从其所信赖为所有人处获取某物，或从从事正常经营的某商人处获取某物，则第三人可基于善意而取得该物的所有权（《奥地利普通民法典》第 367 条）。在奥地利法上，轻过失即可被认为是对善意的摧毁 [《奥地利普通民法典》第 368（1）条]，而在德国法上仅于重大过失的情形下方为如此 [《德国

158

民法典》第932（2）条]。依据有因模式，奥地利法要求存在一项非无偿的有效合同，而德国法基于完全独立于基础合同的抽象模式，不仅不要求基础合同的有效性，而且与有偿与否也无关。总之，在对第三人的保护上，德国法相比于奥地利法似乎是更进一步的。然而，奥地利法上的善意取得同样是一种对第三人提供保护的手段，并因此也有助于弥补有因制度导致的对第三人保护的不足，但同时其也采取了极为平衡的方式考虑善意，即既要考虑对第三方保护的价值，也要考虑现时所有权人的正当利益。

四、共同所有权与区分所有权

159 原则上，一物之上只能存在一个所有权。在物之部分上不能存在独立的所有权。然而，由几人分享一物的所有权是可能的（《奥地利普通民法典》第825条，《德国民法典》第1008条）。此种物之共有情形，并非为对所有权进行物理上的分割，而是由每一共有人享有一部分所有权的份额。

160 然而，涉及一栋公寓楼时，此种共有权便会产生问题，因为每个公寓的所有人当然想排他地使用其公寓。而根据共有规则，想要对一栋公寓楼中的某间公寓享有独立的所有权是不可能的。尽管在原则上权利人享有使用权，但这对于共有人是不足够的，因为共有规则并未提供对使用权的绝对（排他）保护。

德国法通过引入在公寓上的特殊所有权来解决这一问 **161**
题,即赋予权利人就其所有公寓以独立的所有权,而对于得
以建造整栋公寓的土地以及公寓建筑的公共部分则赋予权利
人以共有权[《德国公寓所有权法》第1(2)(3)条]。权
利人对公寓的权利正如其他所有权一样可以被转移及处分,
土地及公共区域的共有权也应同时为相同处理(《德国公寓
所有权法》第6条)。

在奥地利法上,一项特殊的所有权制度被创设并被规定 **162**
于2002年的《奥地利公寓所有权法》中。① 根据该法,全部
所有人对整栋建筑享有共有权,但每个人对其自己的公寓均享
有排他的使用权[《奥地利公寓所有权法》第2(1)条]。该
使用权为一项物权,并可自由处分。该权利不可分离地附属于
得以建造公寓的土地的相应份额,该土地则为所有公寓所有权
人所共有[《奥地利公寓所有权法》第11(1)条]。同时,建
筑的公共区域,如楼层地面,也为全部所有人所共有。

五、担保法

(一)动产质权

奥地利法及德国法均有关于质权的规定,即在动产或权 **163**

---

① *Wohnungseigentumsgesetz* 2002, Bundesgesetzblatt(BGBl.)I no. 70/2002.

利上的占有性担保物权（《奥地利普通民法典》第 447 条，《德国民法典》第 1024 条）。正如所有权转移一样，创设一项质权也要求独立的物权合同和公示行为（《奥地利普通民法典》第 451 条，《德国民法典》第 1025 条）。然而，相比于所有权转移，设定质权的规则更为严格，因为质权不能通过占有改定的方式创设，即仅通过协议，而非现实地交付转移占有。对此，以下例进行说明：一个木匠为机器的所有人，其欲在该机器上设质。因其在业务上仍需要该机器，故而不想将机器交给其债权人。对此，人们可能会想到这样的办法，即木匠与其债权人均同意在该机器上设定质权，但同时约定木匠可继续占有并使用该机器，此种情形属于占有改定。但不论是德国法还是奥地利法均不允许这样做。相反，质物必须现实地交给债权人（《奥地利普通民法典》第 451 条，《德国民法典》第 1205 条）。其根本——似乎也是非常合理的——理由在于，质权的设定对于每个人都应该是显而易见的，尤其对于所有人的债权人或潜在的未来债权人，即该项财产已预留给得以向所有人提出请求的特定债权人，所有人将不得再自由处分该财产，因此其他债权人不能通过执行债务人的此项特定财产以满足其债权。

乍看之下，人们或许会惊讶于所有权转移要件的严格性低于创设一项纯粹的质权，即所有权作为最完全的物权可通过占有改定的方式实现转移。就此，立法者的论证理由如下：如果所有权人出售其财产，其能获得回报，如购买者支付的价款，如此，其债权人可通过执行其所获得的替代性财产而满足债权。另外，如果所有人从他人处借款，并且在其财产上设定质权，其最终必须要偿还该借款。因此，此种情形对于其他的债权人而言是更危险的。原因在于，首先，质押财产不在其所得触及的范围之内，他们无法对该财产主张执行；其次，债务人还有一项额外的债务——其需要偿还借款——因此会存在一个与之前的债权人相竞争的额外的债权人。

（二）不动产抵押

在奥地利法上，动产质权的规则原则上也适用于不动产，只是在公示方式上有所不同：在土地登记簿上对抵押财产的登记取代了物的现实交付［《奥地利普通民法典》第451（1）条］。这意味着，物仍处于抵押人的占有之下，且其有权使用该物。在德国法上，质押和抵押是分开规定的，但其关于抵押的基本理念与奥地利法相似（《德国民法典》第1113条及其后的相关规定）。除去抵押之外，德国法同样规定了土地债务负担（《德国民法典》第1191条及其后的规定），而奥地利法上则无此制度。质权和抵押权是从权利，这意味着二者以存在一项有担保的债务为先决条件，并且会因有担保的债务的履行或以其他方式而消灭（《奥地利普通民法典》第449、469条，《德国民法典》第1113条），而土地债务负担则独立于有担保的债务。

（三）让与担保

166　质权所具有的严格占有的本质，即在任何情况下质物都必须要交付给债权人，对于因事务而需要经常使用该物的债务人而言是极为不方便的。例如，对于一个木匠而言，其因业务的需要而借款，但其也急需该机器进行工作以使其赚到足够的钱去偿还借款，但他却被要求放弃得以尽快还款的最为重要的手段（即将机器转移至债权人占有之下），这似乎是非常不合理的。因此，德国法律人巧妙地寻找到了规避此种严格规则的路径并提出了为实现担保目的而转移所有权的想法：债务人将物之所有权转移至债权人，以取代在物之上设定质权。相比于"通常情形"的转移，双方当事人约定，在债务人适当地偿还借款时，物将再次转归为债务人所有。而在债务人未按约履行债务的情形下，债权人可通过使用或出售该物以实现其担保。由于移转的规则允许占有改定，德国法院及学者通常认为其也适用于此种以担保为目的的转移。①

167　然而，在奥地利，对法定形式的关注较少，而更多地关注交易的功能。显然，让与担保与"通常情形"下的所有权转移不同，因为其在功能上更符合质押。因此，奥地利法院和学者一致认为，此种作为担保的转移是对质押规则的回

---

① *Baur/Stürner*, Sachenrecht[18] 784.

避，因此，不得不类推适用关于质押的规定。① 同时，尽管奥地利法律人也认可对于非占有性担保物权的现实需求，但他们强调，法院必须尊重立法者的决定，即质物必须现实地交给债权人以使外界知晓该担保物权的创设。为回应对非占有性担保物权的现实需求，动产抵押的引入，即在特定登记簿上登记的非占有性担保物权，被长时间地加以讨论。②

（四）所有权保留

除去质权和让与担保，实践中发展出了另一担保物权的类型，并且同样为奥地利法和德国法所接受，即所有权保留。③ 例如，某经销商将机器出售给需要该机器开展业务的买方，但买方——此时并不具有足够的金钱——无法立即付款，而是采取了分期付款的方式。然而，该机器被立即交付买方以使其能够开始工作。为担保销售商对价款的请求权，双方当事人约定，该机器的所有权仅在买方支付了全部价款之后才能转移至其处。该物权契约的效力因此而取决于购买价款的全部支付。

此时，人们可能会认为，此种担保物权会如同让与担保

---

① Iro, Sachenrecht⁵ no. 14/11.
② 在 2007 年的一份草案中对此已有规定，参见 Schauer (ed.), Ein Register für Mobiliarsicherheiten im österreichischen Recht (2007)，但目前为止没有任何迹象显示该草案在近期内会成为法律。
③ Iro, Sachenrecht⁵ no. 8/2; Baur/Stürner, Sachenrecht¹⁸ 826 ff.

一样缺乏公示,因为被担保的债权人(销售商)并未占有该物。为什么更为严格的奥地利法会接受此种非占有性担保物权呢?此种情形与让与担保存在诸多不同①:首先,其他债权人可得执行的责任财产并未减少,而仅是新近取得的物未被加入其中。其次,所有权保留制度被非常广泛地适用,从而对于新近购得的物,第三方通常会预料到出卖人保留了所有权。最后,法律本身所规定的原则是,某项给付仅在他方为对待给付时方同时履行(《奥地利普通民法典》第1052条,《德国民法典》第320条)。所有权保留仅是将该原则付诸实践的一种方式。

---

① *Iro*, Sachenrecht^5 no. 8/2; *Baur/Stürner*, Sachenrecht^{18} 828.

第十章

家庭法

一、导言

在过去的几十年间,不仅奥地利,整个欧洲的社会发展引发了家庭法领域的巨大变革。随着家庭生活的日益多样化,法律规范也变得更为开明,且将私人自治置于更为重要的地位。

现今的家庭法以男女平等的理念为基础:在婚姻关系及子女问题上,男女享有同样的权利并负担同样的义务。同时,许多未婚但同居的夫妇已获得法律的认可,且法律同样赋予了未婚双方相应的权利。此外,同性伴侣关系也得到了法律的承认。自2010年起,奥地利的同性间可进行伴侣登记。2001年,同性生活伴侣登记制度被引入德国。在奥地利及德国,关于登记(生活)伴侣的规定均以婚姻为蓝本。①

172 就未成年子女而言，他们的权利得到了加强，以实现对其人格的尊重。未成年子女的福利与幸福是所有与其相关的规定的主要标准。近年来，对婚生子女和非婚生子女也给予了平等的对待。

173 尽管最初的奥地利家庭法规定于《奥地利普通民法典》，但现今，仅关于子女及父母权利与义务的条文仍被规定在《奥地利普通民法典》之中，而所有与婚姻相关的规定均见于1938年自德国引入的婚姻法。尽管该法在1945年后进行了大规模的修订且在近些年也进行了一些重要的调整，但正如我们将在下文所讲的，其中的一些主要规定仍以德国法为基础。② 关于登记伴侣的规则，规定于2009年的《奥地利伴侣登记法》。

二、订婚

174 通过订婚，男女双方彼此承诺于未来结婚。在奥地利及

---

① 这尤其体现在关于缔结或解除登记（生活）伴侣关系的规则、对登记（生活）伴侣的姓氏的规定以及成为登记（生活）伴侣后的其他相关法律后果的规定。然而，关于登记（生活）伴侣的规定相比于婚姻法也仍存在不同之处。最为重要的是，登记伴侣不能共同收养子女，而继父母收养和伴侣一方的独自收养则是被允许的［《奥地利伴侣登记法》第8（4）条，《德国生活伴侣登记法》第9（6）（7）条］。参见 *Hinteregger/Ferrari*, Familienrecht (7th ed. 2015) 153 ff; *Gernhuber/Coester-Waltjen*, Familienrecht (6th ed. 2006) 489 ff.

② 特别参见下文边码第175及其后的论述。

德国，订婚被视为一项合同，即承诺将来签订另一项合同（结婚）。① 然而，其与普通合同的不同之处在于，当事人不得请求强制执行该合同，即他们不能通过诉讼主张另一方与其结婚（《奥地利普通民法典》第 45 条，《德国民法典》第 1297 条）。但是，若一方当事人无正当理由而解除婚约或给另一方当事人以解除婚约的理由，则另一方当事人可主张因信赖本可缔结婚姻而遭受的损失（《奥地利普通民法典》第 46 条，《德国民法典》第 1298 条），如与婚姻仪式相关的费用或于其后的派对产生的相关费用。然而，其中并不包括精神损害赔偿。

三、结婚

在奥地利和德国，婚姻须通过具备特定形式的合同而缔结，即当事人必须亲自在婚姻登记员前向彼此表明他们结婚的意愿（《奥地利普通民法典》第 44 条，《奥地利婚姻法》第 15、17 条，《德国民法典》第 1310 条）。若当事人间无一致的意思表示或无婚姻登记员在场，则自始即无有效婚姻的缔结。

---

① 奥地利法上的情况参见 *Hinteregger/Ferrari*, Familienrecht[7] 23；*B. A. Koch* in Koziol/Bydlinski/Bollenberger, ABGB[4] §45 no. 1；德国法上的情况参见 *Gernhuber/Coester-Waltjen*, Familienrecht[6] 52（其中作者也提及了其他的不同观点，即试图将订婚效力的产生归结于法律的规定而非合同）。

176 正如其他种类的合同一样，结婚要求当事人具备行为能力（《奥地利婚姻法》第 2 条，《德国民法典》第 1304 条）。原则上，当事人必须成年，即至少年满 18 岁［《奥地利婚姻法》第 1（1）条，《德国民法典》第 1303（1）条］。① 此外，法律也规定了其他的限定及要求。例如，禁止亲属间的婚姻（《奥地利婚姻法》第 6 条，《德国民法典》第 1307 条）② 及多配偶婚姻（《奥地利婚姻法》第 8、9 条，《德国民法典》第 1306 条）。③ 如违反上述规定或当事人于缔结婚姻时存在错误，德国法与奥地利法对当事人的救济会存在不同。

177 在德国法上，若出现上述任何一种情形，婚姻均得被撤销（《德国民法典》第 1314 条）。④ 这意味着，婚姻于缔结时是有效的且其效力持续至家庭法院因一方当事人提起撤销之诉而宣告婚姻无效之时，此种撤销仅向将来而非之前发生效力（《德国民法典》第 1313 条）。因此，撤销在效力上与离婚非常相似，故二者或多或少地会适用同样的规则［《德国

---

① 家事法院也可能会允许未满此年龄者结婚，如果他（她）已至少 16 岁且另一方已满 18 岁［参见《奥地利婚姻法》第 1（2）条，该条另要求该人就其婚姻而言似乎已足够成熟；《德国民法典》第 1303（2）条］。

② 此类婚姻包括（外）祖父母与（外）孙子女之间的婚姻、父母与子女之间的婚姻以及兄弟姐妹之间的婚姻。同样，养父母与养子女之间的婚姻也是被禁止的（《奥地利婚姻法》第 10 条，《德国民法典》第 1308 条）。

③ 就此，不仅禁止与已婚者结婚，而且也禁止与已登记为同性伴侣者结婚。

④ 然而，在德国法上，基于错误而撤销婚姻仅在极为有限的情形下被允许，参见下文边码 180 及其后的论述。

民法典》第1318（1）条]。

在奥地利法上，法律后果取决于立法者对每一缺陷严重性的考量。若一方当事人不具有行为能力，或者婚姻在血亲之间缔结，又或者存在多配偶的情形，则婚姻会因一方当事人向法院提出请求而得被宣告为无效（《奥地利婚姻法》第20条及其后规定）。如果法院宣告婚姻无效，该婚姻被视为从未存在。然而，撤销如婚姻一般的紧密关系却并非易事，因为这同样可能会影响到子女。因此，在此种婚姻中出生之子女的地位并不发生改变，即他们仍被认为是婚生子女。①   **178**

若当事人在缔结婚姻时存在错误（《奥地利婚姻法》第36条及其后规定），该婚姻并非无效，而是可被撤销，并于撤销后向将来而非之前发生效力[《奥地利婚姻法》第42（1）条]。这与德国法的做法相一致。   **179**

因此，在奥地利法和德国法上，婚姻缔结时存在错误会导致婚姻被撤销。与通常情形下的合同法对错误的规定相比②，或许有几点值得注意。   **180**

第一，合同法中的错误会使得合同可被撤销，如合同被撤销，则被视为从未存在。因此，因错误而撤销合同所产生的效力具有溯及力。然而，在家庭法上，撤销仅于法院的判决生效时起向将来发生效力。同样，在合同法上存在关于继

---

① *Hinteregger/Ferrari*, Familienrecht⁷ 37.
② 参见上文边码27及其后的论述。

续性债务（*Dauerschuldverhältnisse*）合同的特殊规则①，对此类合同的撤销也仅向将来发生效力。由于婚姻同属于创设继续性债务的合同，因此对其存在错误情形的规制应在此限度内与合同法上的一般原则保持一致。将撤销的效力限制于仅向将来发生，更为令人信服的理由在于，将婚姻完全复归至结婚之前的状态是非常困难的。因此，溯及力的适用于奥地利法上仅限于婚姻存在严重缺陷的情形，而在德国法上根本不具有溯及力。

181 第二，与一般的合同法相比（仅限于奥地利法），特殊之处在于，在合同法上仅于对方当事人不值得保护时，才允许对合同予以撤销，例如，对方当事人明知存在该错误，或其导致了该错误的发生，或其并未作出任何相应的安排。②然而，在婚姻法上则无此限制。如存在一项法律上相关的错误，当事人即可提起撤销之诉，而无须考虑对方当事人是否明知该错误等情况。之所以采取此种处理方式，部分原因可能在于奥地利婚姻法采自德国法的事实。然而，人们或许也会认为，婚姻中存在错误的一方当事人需要更高程度的保护，因为婚姻会在更大程度上影响人的一生。若存在一项非常严重的错误，而仍使当事人处于其所缔结的婚姻之中，将是不公平或不可行的。

---

① 参见上文边码32。
② 参见上文边码29。

第三，若于缔结婚姻时存在法律上相关的错误，则该合同仅能作为整体而被撤销，而不可能像奥地利合同法所规定的那样存在对合同的内容进行调整的可能性。一方面，此种做法可同样被视为是受到德国法影响的结果。另一方面，由于法律对婚姻中权利义务的规定具有明确性及强制性，故不会存在可得对婚姻合同内容予以调整的任何余地。

182

第四，由于婚姻法对得产生撤销权的错误的情形设定了更大程度的限制，这使其与一般合同法中的错误存在更进一步的区别。恰于此处，我们也发现了德国婚姻法与奥地利婚姻法间的一项重大差异：在奥地利法上，如果一方当事人对其缔结婚姻的事实存在错误（认为这是另一种仪式）[《奥地利婚姻法》第36（1）条]，或者在其结婚意愿的表达上存在错误（认为其同意的是不同的事情）[《奥地利婚姻法》第36（1）条]，或者对对方的身份存在错误（认为对方应为另外的人）[《奥地利婚姻法》第36（1）条]，或者对对方的相关情况存在错误，即并不知道对方患有绝症或精神疾病或对方并未告知其曾有犯罪记录或她曾因别人怀孕[《奥地利婚姻法》第37（1）条]，该当事人可提起撤销之诉。然而，德国法仅承认第一种错误，即某人不知道自己事实上正在参加结婚仪式[《德国民法典》第1314（2）条第2

183

项]。除欺诈之外①，所有其他错误情形均不会导致撤销[《德国民法典》第1314（2）条第3项]。德国法的潜在推论似乎是，除非存在重大的理由，如欺诈，否则没有必要赋予当事人以撤销婚姻的特殊权利，因为如果当事人欲解除婚姻关系其可通过离婚予以解决。

四、婚姻财产法

184 关于夫妻间的财产法律关系，法律提供了默认规则。当事人可通过合同的特别约定而排除默认规则的适用（《奥地利普通民法典》第1217条，《德国民法典》第1408条）。②

185 在奥地利法上，此种默认规则为分别财产制（《奥地利普通民法典》第1237条）：夫妻双方于结婚时均保留其对已获得财产的所有权，并且在婚姻关系存续期间各自为其所获财产的唯一所有人。一方的债权人也仅能请求执行该方财产。同样，在德国法上，夫妻双方于结婚时也均保留其对已获得财产的所有权且各自为婚姻关系存续期间其自身所获财产的唯一所有人，但于离婚情形，夫妻双方均有权主张对方

---

① 与通常的合同法相比，基于欺诈的婚姻撤销同样限于对相关情况具有欺诈性的不实陈述，即若被欺诈的一方知晓真实情况并考虑到婚姻的本质就不会结婚。相关论述同样参见 *Gernhuber/Coester-Waltjen*, Familienrecht⁶ 113。

② 此种合同必须在公证机构缔结（《（奥地利）在公证机构前行为法》第1条，《德国民法典》第1401条）。

的部分财产（*Zugewinngemeinschaft*）（《德国民法典》第1363条）。

五、离婚

与婚姻的撤销不同，离婚是一种对缔结时无任何缺陷之婚姻的解除手段。在奥地利法和德国法上，离婚须经法院判决。关于法律允许离婚的理由，原则上存在两种①：离婚，或者仅基于这样的事实，即婚姻关系已经破裂而无须进一步考虑破裂之原因，或者因一方或双方的过错行为而离婚。尽管在过去，一方或双方的过错在离婚中起到了决定性的作用，但现在的趋势是，接受婚姻关系破裂的现实并给予双方以摆脱破裂关系的方法，而无须再去探究其原因。

德国法现今仅聚焦于这一事实，即婚姻关系破裂是提出离婚申请的重要且唯一的理由。② 婚姻关系破裂是指，夫妻双方作为已婚夫妇已不再在一起生活，即不仅分居，也包括婚姻生活的方方面面，并且不能期望他们会再在一起生活［《德国民法典》第1565（1）条］。若夫妻双方分居至少已1年且共同申请离婚，或者双方分居至少已3年，则法律推定婚姻关系破裂（《德国民法典》第1566条）。若夫妻双方分

186

187

---

① 参见 *Gernhuber/Coester-Waltjen*, Familienrecht⁶ 225。
② *Gernhuber/Coester-Waltjen*, Familienrecht⁶ 228.

居少于 1 年，一方仅在因对方的原因而无法被合理地期待继续该婚姻关系时，方可申请离婚［《德国民法典》第 1565（2）条］。

188 奥地利法采取了一种混合的路径。① 协议离婚基于这样的理念，即婚姻已不可挽回地破裂且并不要求夫妻任何一方存在过错。在此情形，仅要求夫妻双方分居至少已半年，他们承认婚姻已不可挽回地破裂且对离婚的主要事项已达成一致意见（特别是关于子女的抚养权），并由双方提出共同的离婚申请（《奥地利婚姻法》第 55a 条）。如果双方并未满足协议离婚的要求，他们可基于过错或其他理由提出离婚申请。基于过错原则的离婚，要求一方当事人因其严重的不当行为而导致婚姻关系的破裂，如通奸或家庭暴力（《奥地利婚姻法》第 49 条）。其他的离婚理由并不要求对方当事人存在过错，具体为疾病，即精神残疾（《奥地利婚姻法》第 51 条）或严重的传染病（《奥地利婚姻法》第 52 条），或者在夫妻双方至少已分居 3 年的情况下婚姻关系已完全地且不可挽回地破裂（《奥地利婚姻法》第 55 条）。特别是在最后一种情形，涉及婚姻关系破裂和过错两项要素，因为提出离婚申请的一方得请求法院确定另一方的过错程度［《奥地利婚姻法》第 69（2）条］。这对离婚后生活费的支付义务有影响［《奥地利婚姻法》第 69（2）条］：过错的一方必须支付

---

① *Hinteregger/Ferrari*, Familienrecht[7] 91 f.

生活费；如果双方均无过错，则提起离婚申请一方必须在他方无法自给自足的情形下向其支付生活费。①

六、子女

母亲，是指生育子女的女性（《奥地利普通民法典》第143 条，《德国民法典》第 1591 条）。这同样适用于并未在基因上给予子女生命，而是通过捐赠卵子在试管中孕育子女的女性。② 父亲，或者是子女出生时母亲的丈夫，或者是承认具有孩子父亲身份的男人，或者是由法院确认其具有父亲身份的男人（《奥地利普通民法典》第 144 条，《德国民法典》第 1592 条）。

189

在奥地利和德国，婚生子女和非婚生子女的差别待遇被逐渐废止，因此，现今原则上二者享有同样的权利。③ 然而，在关于监护的规定上，即照管子女的权利和义务，如教育、对财产的管理、作为法定代理人而为相应的行为（《奥地利普通民法典》第 160 条，《德国民法典》第 1626、1631、1638 条），二者间仍存在一些差别。如果父母结为夫妻，则

190

---

① *Hinteregger/Ferrari*, Familienrecht[7] 102 f.
② *Hinteregger/Ferrari*, Familienrecht[7] 171；*Gernhuber/Coester-Waltjen*, Familienrecht[6] 583 f. 自 2015 年始，在奥地利允许卵子捐赠，但在奥地利和德国代孕仍被禁止，参见 *Hinteregger/Ferrari*, Familienrecht[7] 171；*Wellenhofer*, Familienrecht (3rd ed. 2014) § 31 no. 5 ff.
③ *Wellenhofer*, Familienrecht[3] § 30 no. 1 f.

他们共同享有对子女的监护权［《奥地利普通民法典》第177（1）条］。① 原则上，这一规则也适用于父母离婚的情形（《奥地利普通民法典》第179条，《德国民法典》第1671条的规定与此相反）。尽管在奥地利法上，父母可通过向法院提交协议而改变关于监护的安排［《奥地利普通民法典》第177（3）条］②，但在德国法上，离婚的任何一方均可向法院申请背离法定默认规则的单独监护（《德国民法典》第1671条）。

191 　　非婚生子女的监护权在母亲一方。若非婚父母欲共享监护权，则他们必须对此作出明确声明［《奥地利普通民法典》第177（2）条，《德国民法典》第1626a（1）条第1项、第1626a（3）条］。

192 　　对子女享有监护权者，于其危及子女幸福的情形，法院得部分或全部取消其监护权［《奥地利普通民法典》第181（1）条，《德国民法典》第1666条］。未与子女共同生活的父母一方享有与子女单独接触的权利，这一权利独立于监护安排（《奥地利普通民法典》第187条，《德国民法典》第1684条）。

---

　　① 就此，德国法上并无明确的规定，但其或可从《德国民法典》第1626条及其后的条文规定中推知，参见 *Wellenhofer*, Familienrecht³ §32 no. 4. 更进一步的佐证是《德国民法典》第1626a（1）条第2项规定了父母在子女出生后相互结婚的，有权对子女共同监护。

　　② 仅在父母就哪一方将与孩子共同生活无法达成一致意见时，法院才不得不决定哪一方对子女享有监护权［《奥地利普通民法典》第180（1）条第1项］。

七、收养

关于收养,奥地利法和德国法之间存在一项重大不同。在奥地利法上,收养是在收养父母和被收养子女之间的一项合同,并须经法院批准［《奥地利普通民法典》第 192（1）条］;但在德国法上,收养效力的产生并非基于合同,而是基于法院对收养父母的申请所作出的裁定(《德国民法典》第 1752 条)。然而,法院作出允许收养裁定的核心条件是收养父母、被收养的子女以及其生父母均同意该收养(《德国民法典》第 1746、1747、1749 条)。在两国法上,被收养人会获得与收养父母的亲生子女同样的法律地位［《奥地利普通民法典》第 197（1）条,《德国民法典》第 1754 条］;同时,收养也将切断子女与生父母之间的法定亲子关系［《奥地利普通民法典》第 197（2）条,《德国民法典》第 1755 条］。

193

在奥地利法上,如同婚姻可被撤销一样,收养也得被撤销,并仅向将来发生效力(《奥地利普通民法典》第 202 条)。然而,相比于婚姻,得撤销收养的事由受到了更大程度的限制。撤销的事由包括欺诈等(《奥地利普通民法典》第 201 条),但若收养父母与被收养的子女提出共同的撤销申请,也可构成撤销的充分理由。如此规定的潜在理念在于,尽管人们可以选择与谁结婚,但无法选择其所生的子女

194

应该是什么样的,这也是此种规定应同样适用于被收养子女的原因。因此,错误一类的事由并不会产生撤销权,而仅在欺诈或胁迫的情形才产生撤销权[《奥地利普通民法典》第201(1)条第1项]。关于撤销的其他事由与收养合同订立中的缺陷并不相关,而是与合同成立后所发生的问题相关,如对被收养子女的危害[《奥地利普通民法典》第201(1)条第2项]。同样,如果收养父母与被收养的子女均同意撤销收养,则也可撤销[《奥地利普通民法典》第201(1)条第4项]。这些规则也因此与离婚相一致。除此之外,法院也得撤销其批准(该撤销具有溯及力),特别是在非常严重的情况下,如收养双方之一方于订立收养协议时缺乏行为能力(《奥地利普通民法典》第200条)。

195　　上述规则也大致适用于德国法,即允许通过法院的裁定撤销收养(《德国民法典》第1760、1763条)。然而,仅由收养父母及被收养子女共同提出申请尚不足够;撤销限于欺诈、对子女的危害或者缺少行为能力三种情形。因此,在德国法上,收养的撤销与婚姻法上的离婚之间的相似性就更少了。德国做法的理由源于其制度设置的目的,即收养所应创设的关系应如生父母与其子女之间的关系一样稳定。①

---

① *Gernhuber/Coester-Waltjen*, Familienrecht6 907.

第十一章

继承法①

一、导论

当某人②死亡时,其权利能力③终止。其他的人,即继承人,将承继死者全部的有形及无形的财产、权利及义务。④因此,继承所采取的形式是全部继承。仅那些无法被转移至他人的权利和义务,如亲属权或人格权,被排除在继承之外(参见《奥地利普通民法典》第531、548条,《德国民法典》第1922条)。

特别是在过往的年代里,人们倾向于认为应将财产保留在家庭范围之内,因此,继承限于家庭成员,尤其是子女。而在另一方面,基于私法中的私法自治原则,每个人均可自

---

① 《奥地利普通民法典》中关于继承法部分已于2015年进行了修订(BGBl. I no. 87/2015)。修订部分将于2017年1月生效。对此,本书将于必要之处对这些修订予以提及。关于修订的细节参见 Barth/Pesendorfer, Erbrechtsreform 2015 (2015); Rabl/Zöchling-Jud (eds.), Das neue Erbrecht (2015)。
② 继承法仅规定了自然人死后的财产继承。法人解散则适用与此相异的规则。但是,法人也可继承自然人的财产。
③ 参见边码13。
④ Lange/Kuchinke, Erbrecht (5th ed. 2001) 86 f.

由地决定于其死后何人得承继其遗产。现今的奥地利法和德国法是上述二者的混合①：原则上，每个人均可通过遗嘱或继承合同（hereditary contract）自由决定继承。②然而，关于法定份额的规定使近亲属可获得遗产的一部分以确保他们的生活。如果死者并未通过遗嘱或其他方式对其财产做出任何安排，则适用法定继承规则，即由其家庭成员，包括死者配偶继承遗产。不同类型的继承可同时存在（《奥地利普通民法典》第 534 条，《德国民法典》第 2088 条）。例如，此种情形发生于，死者生前留有遗嘱但其中仅涉及其部分财产的处置。

198　　继承人须为被继承人死亡时仍存在的人。然而，对于未出生的胎儿，如其出生时为活体，则被视为已出生［《奥地利普通民法典》第 22 条，《德国民法典》第 1923（2）条］。此外，继承人须具有权利能力，即必须为自然人或法人。

199　　在例外情形，对于某特定被继承人，某潜在的继承人会被排除在继承范围之外③，例如，该继承人对被继承人实施了严重的犯罪行为（《奥地利普通民法典》第 540 条），或者该继承人强迫被继承人做出遗嘱（《奥地利普通民法典》第

---

① *Lange/Kuchinke*, Erbrecht⁵ 4 f.
② 参见下文边码 211 及其后的论述。
③ 尽管在奥地利法上此种理由可使潜在的继承人因不具备继承资格而无法继承，但在德国法上，符合《德国民法典》第 2339 条规定原因之继承人首先可得继承，但随后会遭遇撤销之诉。

542 条,《德国民法典》第 2339 条)。①

二、遗产的取得

关于继承人取得遗产的方式,大致有三种。② **200**

第一种是继承人因被继承人的死亡而直接取得遗产,无须继承人的接受。然而,继承人享有在特定时间内拒绝继承的权利。如果继承人这样做了,则视为其从继承开始时从未取得遗产。这是绝大多数大陆法系国家所采取的方式,包括德国 [参见《德国民法典》第 1922(1)条]。

第二种方式为普通法所采,即该遗产首先转移至由被继 **201**
承人所指定的代理人处,其后该代理人通过执行被继承人的遗嘱而将遗产转移给继承人。

第三种方式为奥地利法所采的处于上述两种方式之间的 **202**
一种方式。一方面,继承人直接取得遗产而非经由代理人而取得;但在另一方面,继承人并非立刻取得遗产,而仅于在法院经过一个特别的继承程序且继承人接受继承的情况下,法院将遗产移交继承人 (《奥地利普通民法典》第 547 条)。

---

① 根据 2015 年修订后的规定,无资格继承被分别规定于《奥地利普通民法典》第 539 条和第 540 条。修订后的《奥地利普通民法典》第 541 条更进一步规定了无资格继承的原因,如对死者配偶实施了严重的犯罪行为或对死者实施了严重的违法行为。

② 参见 *Lange/Kuchinke*, Erbrecht⁵ 191 ff; *Wendehorst*, Die Reform des österreichischen Erbrechts im Lichte internationaler Entwicklungslinien, 17. Österreichischer Juristentag (ÖJT) II/2 (2010) 23。

继承人取得遗产之前，该遗产被视为法人，所有与遗产相关的权利和义务均归属于该法人。①

203 由于继承所采取的是全部继承的形式，继承人不仅取得了权利也取得了义务。因此，继承人同样须对被继承人所负有的义务承担责任。由于继承人的责任并不限于遗产，故继承人同样以其自身的全部财产对被继承人的债务承担责任。

204 为避免继承人负担过重及接受其所不欲的继承，在奥地利法和德国法上，继承人享有拒绝继承全部遗产的权利。因此，在奥地利法上，继承人必须在法院的继承程序的最后表明其接受或放弃继承（《奥地利普通民法典》第805条）。若其放弃继承，其将失去对遗产的权利，并且不承继死者的任何权利和义务。作为他的替代，继承权被授予后顺位②的亲属，他们成为继承人。相反，如果继承人接受继承，这意味着其将承继死者的全部权利和义务并且以其全部财产对死者所负的任何义务承担责任（《奥地利普通民法典》第801条）。然而，作为此种无条件接受声明的替代，继承人也可做出所谓附条件接受的声明（《奥地利普通民法典》第802条）。这意味着，继承人承担责任的全部财产仅限于遗产清单中所罗列的被继承遗产。

205 在德国法上，上述情形会存在些许不同，因为继承人已

---

① *Eccher*, Erbrecht (5th ed. 2014) no. 1/5.
② 参见下文边码206及其后的论述。

因被继承人的死亡而直接取得遗产。然而,继承人在获知其为继承人之后的六周之内有权拒绝继承(《德国民法典》第1942、1944条)。基于放弃,继承人被视为自始未取得遗产。作为替代,若继承人不在世,则可成为继承人之人将会继承遗产,且是从被继承人死亡时起已成为继承人〔《德国民法典》第1953(1)(2)条〕。这意味着,拒绝具有溯及的效力。如果继承人接受继承,其将以其全部财产承担责任;在德国并无如奥地利法上一样的附条件接受制度。然而,继承人享有在实际上会导致责任限制的各种抗辩〔例如《德国民法典》第1973(1)、1974、1900条〕。

三、法定继承

如果存有遗嘱或继承合同,则应以之为准。① 因此,关于法定继承的规定仅属默认规则,且其仅适用于无遗嘱或继承合同以及遗嘱或继承合同仅涉及处置部分遗产的情形(《奥地利普通民法典》第727条,《德国民法典》第1937、1941条)。根据法定继承的规定,死者的近亲属及其配偶②得为继承人,而非婚伴侣或姻亲不能成为继承人(《奥地利普通民法典》第730条,《德国民法典》第1924条及其后的

---

① Eccher, Erbrecht[5] no. 3/1.
② 登记的(生活)伴侣(参见边码171)享有与配偶同样的权利〔《奥地利普通民法典》第537a条,《德国生活伴侣登记法》第10(1)条〕。

规定)。

207 何人能继承多大份额的遗产,取决于亲属关系的等级。为此,亲属会被归入所谓顺位。第一顺位由死者的后代所组成,即其子女和孙子女[《奥地利普通民法典》第731(1)条,《德国民法典》第1924条]。第二顺位由死者的父母及其后代所组成,即死者的姐妹、兄弟、侄女和侄儿[《奥地利普通民法典》第732(2)条,《德国民法典》第1925条]。死者的(外)祖父母及其后代,即姑姨、叔舅或(堂)表兄妹,构成第三顺位[《奥地利普通民法典》第731(1)条,《德国民法典》第1926条]。第四顺位由死者的(外)曾祖父母构成[《奥地利普通民法典》第731(4)条,《德国民法典》第1928条]。于此,奥地利法划定了一个界限,即在此之外的其他亲属不再为继承人。与此相反,在德国法上,即便更远的亲属也能够成为继承人(《德国民法典》第1929条)。

208 高顺位亲属仅在无低顺位亲属时方可成为继承人(《奥地利普通民法典》第735条第一句,《德国民法典》第1930条)。例如,父母仅在死者无任何子女或孙子女的情况下才可继承。

209 在每一顺位范围内,较近的亲属将较远的亲属排除出继承的范围,即子女排除孙子女,父母排除兄弟姐妹等[《奥地利普通民法典》第732条第三句、第735条第二句、第739条第二句,《德国民法典》第1924(2)条、第1925

(3) 条、第 1926 (3) 条、第 1928 (3) 条、第 1929 (2) 条]。因此，如果死者 X 有两个子女 A 和 B，A 有两个子女 C 和 D，仅应由 A 和 B 继承遗产，即每人继承遗产的 1/2，而 C 和 D 被排除在继承之外。然而，如果 A 死于 X 之前，C 和 D 将代替其父（母）A 继承。A 本应获得的那一半遗产在 C 和 D 间平均分配。因此，B 继承遗产的 1/2，C 和 D 分别继承遗产的 1/4。

在死者的亲属继承遗产的同时，死者的配偶继承确定的遗产份额，但该份额的大小取决于继承死者遗产的亲属与死者间关系的紧密程度［《奥地利普通民法典》第 757 (1) 条，《德国民法典》第 1931 条］。例如，如果其他继承人为死者的子女，则依据奥地利法配偶继承遗产的 1/3，而在德国法上配偶继承 1/4。如果其他的继承人为死者的父母或（外）祖父母，在奥地利法上配偶继承遗产的 2/3，而在德国法上配偶继承遗产的 1/2。如死者无其他法定继承人，则配偶独自继承全部遗产［《奥地利普通民法典》第 757 (1) 条第四句，《德国民法典》第 1931 (2) 条］。① 德国法依据夫妻双方对婚姻财产制②的选择而进行了更为细化

---

① 依据 2015 年修订后的奥地利法，如果其他继承人为死者的祖父母或外祖父母，则配偶可独自继承全部遗产［修订后的《奥地利普通民法典》第 744 (1) 条］。
② 参见上文边码 185。

的规定。①

四、遗嘱继承

211 原则上，每个人均可自由安排其死后的财产分配。其可通过单方行为或合同而做出安排。单方行为可表现为遗嘱或遗赠②的形式，具体为何种形式，取决于遗嘱人是将遗产给予继承人（遗嘱）还是非继承人（遗赠），并且遗嘱人可随时废止该遗嘱或遗赠。相反，继承合同是由死者在生前与继承人签订的，并且该协议对死者具有约束力（《奥地利普通民法典》第602条、第1249条及其后规定，《德国民法典》第1941条、第2274条及其后规定）。③ 与其他合同不同，继承合同有严格的形式要求④［《（奥地利）在公证机构前行为法》第1条，《德国民法典》第2276条］。在奥地利法上，

---

① 如果夫妻双方选择了德国法上的默认制度，即夫妻双方于结婚时保留各自有的财产所有权但享有离婚时得主张取得对方部分财产的权利，则配偶的份额会增加1/4 ［《德国民法典》第1371（1）条］，在继承人为子女时，配偶一方继承1/2，在继承人为父母时，配偶继承3/4。如果婚姻因离婚或被撤销而终止，则配偶一方享有主张取得对方财产的权利（一次性总额支付），而在因死亡而终止婚姻的情形下，这一增加的份额被视为是对前述配偶一方所享有的一次性总额支付权利的替代。在夫妻双方采取分别财产制的情形下，如果有一个或两个子女，生存一方将与子女等额继承［《德国民法典》1931（1）条］。
② 参见下文边码213及其后的论述以及边码218。
③ 在德国法上有由配偶双方共同做成的所谓共同遗嘱，通过共同遗嘱任何一方配偶均可指定对方为继承人（《德国民法典》第2265条）。
④ 这大致上与公开遗嘱相同（参见下文边码213及其后的论述）。

继承合同仅能在订婚者或夫妻间订立（《奥地利普通民法典》第602条），因此其属于一种婚前或婚后的协议，而在德国法上则无此限制。

遗嘱或遗赠的做出，要求遗嘱人（即死者）须具备完全民事行为能力。依据奥地利法的规定，年满18岁的自然人原则上具备完全民事行为能力，而在14岁至18岁之间的自然人具有限制民事行为能力，这意味着其须适用特殊的形式要件。尽管他们能够如完全民事行为能力人一般通过遗嘱处分其全部财产，但其遗嘱仅能在法院和公证机构处以口头方式做出（《奥地利普通民法典》第569条第二句）。在德国法上，年满16岁者方具有完全的遗嘱能力，而未满16岁者则完全不具有遗嘱能力［《德国民法典》第2229（1）条］。在德国法及奥地利法上，患有精神疾病者、神志不清者或不具有足够的理解能力者不具有遗嘱能力，此种认定不依赖其年龄因素［《奥地利普通民法典》第566条，《德国民法典》第2229（4）条］。

（一）遗嘱

关于遗嘱的规定有着非常严格的形式要求。之所以如此，一方面在于避免对遗嘱人的遗嘱提供充分证据的问题，另一方面也是为了防止遗嘱人在未经充分考虑遗嘱影响的情况下而做出意义重大且具有法律约束力的表示。不符合形式要件的遗嘱为无效遗嘱（《奥地利普通民法典》第601条，

《德国民法典》第 125 条）。

214　　立遗嘱最简单且最容易的方式是手书，即不借助电脑或其他任何的机器及电子手段，并签名（自书遗嘱）（《奥地利普通民法典》第 578 条，《德国民法典》第 2247 条）。与德国法不同，奥地利法同样允许遗嘱由他人代为书写或者用电脑等书写，而仅由遗嘱人亲自签名（代书遗嘱）。然而，为防止伪造，遗嘱人必须在三名见证人前表示该书面文件的内容符合其意愿，且证人须在遗嘱上签字确认（《奥地利普通民法典》第 579 条）。奥地利法和德国法更进一步规定了在紧急情况下而无法遵循通常形式要求的特殊类型遗嘱（《奥地利普通民法典》第 597 条①，《德国民法典》第 2249 条及其后的相关规定）。

215　　除去这些所谓私类型遗嘱，同样存在公开遗嘱（public will），即在公证机构（《（奥地利）公证法典》第 70 条及其后相关规定②，《德国民法典》第 2232 条）或法院（仅存在于奥地利）处通过口头或书面形式表明个人意愿的遗嘱（《奥地利普通民法典》第 587 条）。③

216　　遗嘱人可随时废止其遗嘱（《奥地利普通民法典》第 717 条，《德国民法典》第 2253 条）。同样，在新的遗嘱设立时，之前的遗嘱为无效（《奥地利普通民法典》第 713 条及

---

① 2015 年修订后的《奥地利普通民法典》第 584 条。
② 2015 年修订后的《奥地利普通民法典》第 583 条。
③ 2015 年修订后的《奥地利普通民法典》第 581 条及其后的相关条文。

其后规定,《德国民法典》第2258条)。在德国法及2015年新修订的奥利地法上,离婚会导致与配偶相关部分的遗嘱内容无效(《奥地利普通民法典》新条文第725条,《德国民法典》第2077条)。

  遗嘱是对个人意愿的表示。在此过程中,遗嘱人也可能存在错误。恰如在订立合同①或缔结婚姻时②存在错误的情形一样,若遗嘱人存在错误,则法律允许其撤销该遗嘱。然而,与合同情形不同的是,此时并不存在因信赖合同有效而应给予保护的他方当事人。因此,合同法中的相关要求③在此并不适用。意愿的表示(即遗嘱)因错误所导致即已足够,这意味着,遗嘱人在无错误的情形下本不会设立此遗嘱或本不会以此种方式设立遗嘱。在奥地利法上,前一种情形会导致遗嘱无效,而后一种情形会导致遗嘱内容的变更(《奥地利普通民法典》第570条)。德国法仅规定了对全部遗嘱的撤销(《德国民法典》第2078条)。与合同法中的一般原则不同,仅动机错误也会导致遗嘱被撤销[《奥地利普通民法典》第572条,《德国民法典》第2078(2)条]。 **217**

(二)遗赠

  由于继承人承继死者的全部权利和义务,故遗赠仅赋予 **218**

---

① 参见边码27及其后的论述。
② 参见边码179及其后的论述。
③ 参见边码29。

受遗赠人向继承人请求给付特定的物或财产的权利（《奥地利普通民法典》第533条，《德国民法典》第2174条）。遗赠可包含于遗嘱中或依遗嘱规则（如，须符合形式要求）而单独制定独立的文件。同样，遗赠也可包含于继承合同之中。

（三）特留份

219 遗嘱人自由安排其财产分配的权利受到特留份规则的限制：近亲属，即死者的子女（孙子女等）或父母（祖父母或外祖父母等）及配偶①被确保分得死者财产的一定份额（《奥地利普通民法典》第762、763条，《德国民法典》第2303条）。如此规定的理念在于，死者应对这些近亲属提供相应的生活费，即便在其死后也应如此。

220 依据法律对特留份的规定，相关主体——如果他们为适用法定继承规则的继承人——将获得其依据法定继承应得继承份额的1/2②［《奥地利普通民法典》第765条，《德国民法典》第2303（1）条第二句］。例如，由于父母仅在死者无其他后代的情况下才可成为继承人，父母同样仅在死者无其他后代时可获得特留份（《奥地利普通民法典》第762条，

---

① 登记（生活）伴侣一方享有如同配偶一方一样的权利［《德国民法典》第537a条，《德国生活伴侣登记法》第10（6）条］。

② 在奥地利法上，祖父母或外祖父母仅能获得其在依法定继承规则之下应得遗产的1/3（《奥地利普通民法典》第766条）。

《德国民法典》第2309条)。① 与继承人不同，特留份的获得者不能获得具体的财产，而仅能向继承人请求给付金钱。

法律规定了不同的机制以确保相关主体获得特留份，其中也包括死者在生前通过将财产赠与他人而处分了其绝大多数财产的情形。在某些享有特留份的主体于死者生前已经接受了死者所为赠与的情形下，这些机制也能够在享有特留份的全部主体之间实现一定的平衡。由于某些享有特留份的主体在死者生前已从死者处获得了利益，为防止该特留份享有者相比于其他特留份享有者获得更多的利益，法律规定前者所获得的利益也计算在特留份之内（《奥地利普通民法典》第783条以及其后的规定），如子女在死者生前从其处所获得的婚产或营业资助（《奥地利普通民法典》第788条，《德国民法典》第2316条），或者死者生前无任何法律义务之给予，且根据法律规定其必须被计算在特留份内（《奥地利普通民法典》第789条，《德国民法典》第2315条）。② 如果死

---

① 依据2015年修订后的规定，只有生存的配偶以及死者的后代有权享有特留份（修订后的《奥地利普通民法典》第757条）。

② 奥地利法和德国法上关于此种获益的计算方法存在不同，参见 Welser/Zöchling-Jud, Bürgerliches Recht II (14th ed. 2015) no. 2347 ff, Lange/Kuchinke, Erbrecht[5] 913。此外，依据德国法（与奥地利法不同），特留份的享有者于死者生前所给予死者的利益（如，因死者生前年事已高所给予的照顾）也同样被加以考虑［《德国民法典》第2316（1）条、第2057a条］。依据2015年修订后的奥地利法，对死者生前的照顾将会被奖励以法定遗产（修订后的《奥地利普通民法典》第677条）。

者生前将其部分财产赠与他人，则其子女或配偶①有权主张在计算特留份时将该赠与考虑在内（《奥地利普通民法典》第785条，《德国民法典》第2325条）。② 因此，在根据遗产计算特留份时，如同该赠与未做出时那样。如果实际的遗产无法满足特留份的需要，特留份的享有者得主张接受赠与者予以返还，返还范围以满足特留份的需要为限（《奥地利普通民法典》第951条）。③

---

① 依据德国法的规定，任何特留份的享有者均可主张将赠与考虑在内［《德国民法典》第2325（1）条］。

② 然而，此种情形限于被继承人于其死亡前两年内向非特留权人做出的赠与［《奥地利普通民法典》第785（3）条］。在德国法上，依据《德国民法典》第2325条的规定，在被继承人死亡之前的10年之内向第三人所为的赠与均可被主张返还。

③ 关于德国法上对此的规定，参见《德国民法典》第2329条。

第十二章

案例分析

案例一

王女士欲将其非常漂亮的明代晚期花瓶的复制品以5 000元的价格卖给李先生。李先生欣然接受并承诺于第二天支付价款。

1. 第二天,尽管李先生因忘记带钱包而未支付价款,但王女士仍将花瓶交给李先生。

2. 尽管王女士曾说过其在李先生付款时会将该花瓶交给李先生,但在几个小时后她将该花瓶卖给了出价6 000元的赵先生,并完成了交付。

根据奥地利法——同样依据德国法——人们必须在买卖合同的订立和所有权转移之间进行区分。一方当事人表达了其愿意出卖或购买花瓶的意图,他方当事人表示接受,此时买卖合同便成立。所有权的转移要求花瓶的交付以及与买卖合同相区别的转移所有权的合意。此外,在奥地利法上,作为法律原因之(买卖)合同的存在,也同样为物权变动所要求。原则上,所有权的转移并不依赖于价款的支付(《奥地利普通民法典》第 1063 条），但当事人可以约定——实践中也常常如此——购买者仅能在支付价款时取得所有权，尽管所购买的标的物已被交付（所有权保留）。依此约定，所有权转移以价款支付为条件。

224 因此，在第一种情形中，王女士将花瓶交给李先生时，后者即取得了该花瓶的所有权：此处作为交易之法律原因的合同是有效的且该花瓶被交付了。转移所有权的合意通常被隐含在买卖合同中。因此，尽管李先生因忘记带钱包而未支付价款，若王女士仍将花瓶交给他，他即成为了花瓶的所有人。

225 就第二种情形而言，由于买卖合同仅是创设了一项转移所有权的义务而所有权本身并未发生转移，因此某人就同一物与多人签订买卖合同是可能的。此种义务可以并存，但出卖人也当然会遭遇困难，因为她仅能履行多份合同中的一份。在该案中，王女士与赵先生签订了一份有效的合同，尽管仅在几个小时之前她就同一花瓶已与李先生签订了一份同样有效的买卖合同。此外，由于王女士并未将花瓶交给李先生，她仍为该花瓶的所有人，因此她可以将该花瓶的所有权转移给赵先生。如此，在针对同一财产存在两份有效的买卖合同的情形下，由实际接受财产交付（具有转移所有权的目的）的人取得所有权。此种处理方式为《奥地利普通民法典》第 430 条所明定。

226 当然，在花瓶的所有权转移至赵先生后，王女士将无法再履行其与李先生之间的合同。因此,根据《奥地利普通民法典》第920条及第921条的规定(履行不能),李先生享有解除合同的权利,并且——因王女士存在过错——可主张对方因不履行而对其造成损失的损害赔偿。例如,若李先生本可以更高的价格转售该花瓶的情况下,其便受有损失。

德国法和中国法上(如果我们的理解是正确的)的处理方式与奥地利法上的处理方式相同,物的交付对于所有权的转移也是极为关键的。如果——像法国法那样——所有权在缔结买卖合同时即已发生转移,则情况就会有所不同。李先生在接受王女士的要约时就已经取得了所有权,李先生仅能在该物被实际交给他时,才可主张得以对抗包括赵先生在内的第三人的权利。

案例二

在李先生生日当天,王女士邀请李先生和他们共同的好友到家中做客。王女士将自己的一个漂亮的花瓶拿给李先生看,告诉他这是一个明朝晚期花瓶的复制品,价值5 000元,并问他是否想要这个花瓶。李先生惊喜地看着花瓶说:"当然,对于这个生日惊喜,我非常感谢。"王女士认为李先生是因为这个令人愉快的要约而感激,并说:"好,你带走吧。"她同时也说,正如他们共同的好友在之后所证实的:"你可以下周付款",但李先生因深深地沉醉在对花瓶的观赏中而未听到后一句话。十日后，王女士要求李先生付款。李先生回复道，其很感谢王女士将该花瓶作为生日礼物赠送给他，但其既不愿意也不可能支付5000元给王女士。

1. 李先生仍占有该花瓶。

2. 由于李先生急需钱用，其将该花瓶以4000元的价格出售给了赵先生，并已完成交付。

王女士和李先生之间并未缔结合同，因为他们的意思表示指向了不同的合同：实质上，王女士要订立的是买卖合同，而李先生要订立的是赠与合同。因此，双方之间因缺乏合意而不存在转移所有权所要求的法律原因。在第一种情形，根据奥地利法的规定，李先生并未取得花瓶的所有权，王女士有权要求李先生返还原物。

这与德国法上的处理方式不同：由于所有权转移独立于法律原因之存在（即有效的合同），李先生取得了花瓶的所有权，因此王女士不能提起返还原物的对物诉讼，而仅能提起依不当得利法的对人诉讼。由于花瓶仍在李先生的占有之下，王女士得主张返还花瓶，而非仅得主张支付金钱。

上述结论对于第二种情形下的法律后果具有关键意义：依据奥地利法，原则上王女士可向赵先生主张返还原物，因为李先生从未成为花瓶的所有人，因此也无法将花瓶的所有权转移给赵先生。赵先生可取得花瓶所有权的唯一可能性在于符合善意取得的规定（《奥地利普通民法典》第367条）。但是，正如《奥地利普通民法典》第368条所规定的，明显的低价会引起合理怀疑,这意味着购买人非基于善意而行为。因此,具体应如何处理取决于是否能够认为赵先生所支付的价格非常低,以至于对其应产生合理怀疑。若认为赵先生非基于善意,王女士可直接请求赵先生返还花瓶,因为她仍是花瓶的所有人。当然,在这个案例中,赵先生得向未履行合同的李先生请求返还价款。然而,若没有理由对赵先生产生合理怀疑,则赵先生可依善意取得规则取得所有权并保有该花瓶。此时,王女士仅能依不当得利规则向李先生提起对人诉讼。

根据德国法,赵先生将无任何困难地取得所有权,因为李先生是花瓶的所有人,其可以转移所有权。因此,王女士无权提起对物诉讼并因此无权请求返还原物,而仅能依据不当得利规则向李先生提起对人诉讼。 232

案例三

王女士欲将其明代晚期花瓶的复制品以 5 000 元的价格卖给李先生,李先生表示同意。花瓶与价款均已交付。其后,一位专家告知李先生,该花瓶并非复制品而是明代晚期的真品,价值 8 万元。当王女士得知此事后,其想撤销该合同。但李先生——因遭遇不幸——急需用钱,已将该花瓶以 6 万元的价格卖给赵先生,并已完成交付且李先生已将该笔钱花掉。 233

1. 李先生告知赵先生该花瓶为其继承所得。

2. 李先生告知赵先生，其几乎在无任何花费的情形下购得该花瓶，因此以非常便宜的价格出售。

234 显然，王女士欲主张返还该花瓶。但在此处其遭遇了困难：她签订了一份合同，该合同构成了所有权转移至李先生的法律原因，李先生成为所有权人并因此得将花瓶的所有权转移给赵先生。对王女士而言，一个可能的方法是，其基于错误而撤销合同，以使该合同自始无效，即该合同被视为从未存在。因此，这意味着所有权转移的法律原因从未存在，而李先生也并未取得所有权。乍看之下，人们可能会认为王女士并无撤销合同的权利。原因在于，关于合同标的物价格的错误仅是合同动机的错误，而与合同的内容无关，因此也不具有法律评价上的意义。[①] 但事实却并非如此，因为王女士不仅在价格上存在错误，而且在与合同内容相关的标的物的重要品质上也存在错误，即该花瓶为明代的真品。然而，王女士仍然无法撤销合同，因为依据奥地利法，基于错误的撤销要求对方当事人在尽到了必要的注意义务时本应知道该错误，或者对方当事人导致了该错误，抑或对方当事人在信赖合同有效的情形下未对标的物做任何处分从而并未因合同的无效而受有任何损失（《奥地利普通民法典》第871条）。

[①] 更为详细的论述参见 Bollenberger in Koziol/Bydlinski/Bollenberger, ABGB⁴ §871 no. 9。

在此案例中，上述任何一项条件均未被满足。

然而，除去错误之外，奥地利法规定了现今已不再为绝大多数法律制度所规定的另一项法律救济手段，即所谓基于非常损失规则的撤销（《奥地利普通民法典》第934条）。根据该规则，若合同的一方当事人因错误而使其所受给付少于其所交付标的物价值之一半时，其可主张撤销该合同。由于此种救济手段基于缔约时的错误，根据通行的——且具有说服力的——观点，基于非常损失规则的撤销可使合同自始无效，就如同错误的情形一样。① 因此，本案中，王女士可试图依非常损失规则而撤销合同；因而对于李先生而言，转移所有权的法律原因不再存在，王女士可提起对物诉讼而请求返还原物。

但即便如此也并未解决王女士所面临的全部困难，因为李先生已将该花瓶出售并交给了赵先生。尽管——假设王女士成功地撤销了其与李先生之间的合同——李先生在将花瓶出售并交付给赵先生时并非花瓶的所有人，并因此李先生无法将所有权转移给赵先生，但赵先生仍可基于善意取得的规定而取得该花瓶的所有权（《奥地利普通民法典》第367条）。

在第一种情形，并无理由认定赵先生应该知道李先生并

---

① 参见 P. Bydlinski, Die Stellung der laesio enormis im Vertragsrecht, JBl 1983, 410 ff.

非花瓶的所有人。因此，王女士针对李先生仅享有依据不当得利法的对人请求权——但这并不会给王女士以更多的帮助，因为李先生急需用钱而花掉了钱款并因此无力向王女士支付。

237　但在第二种情形下则会有所不同：从极为低廉的价格以及李先生的陈述中，赵先生应该明确地知晓，王女士与李先生签订合同时是存在错误的，该合同因此是可撤销的。这意味着该合同会因撤销而自始无效，因此李先生无法转移所有权。如此，当赵先生从李先生处购买该花瓶时，其确实并非基于善意而为相应的法律行为，因此也无法取得花瓶的所有权。由此，在第二种情形下，王女士可以向赵先生提起对物诉讼并因此而无须再依赖于李先生的偿付能力。赵先生得依买卖合同的不履行而从李先生处请求返还其所支付的价款。因此，赵先生须承担李先生无偿付能力的风险。由于赵先生非基于善意而行为，这也是一个妥当的解决办法。

238　德国法上并不要求上述为《奥地利普通民法典》第871条所规定的任何要件（参见《德国民法典》第119条），在错误非为纯粹的动机错误而是与合同内容相关时，王女士可基于错误而撤销合同。因此，即便在价款并非显著不成比例的情况下，王女士也可撤销合同。这一点是很重要的，因为德国法并无关于非常损失规则的规定。关于合同撤销的可能性，德国法相比于奥地利法更倾向于保护错误的一方，即王女士。然而，就赵先生能否取得花瓶的所有权而言，与王女士是否享有撤销权是完全无关的，因为所有权的转移并不依赖于有效法律原因的存在；在上述两种情形下，赵先生均会取得花瓶的所有权。同时，王女士仅可向李先生提起对人诉讼并承担李先生偿付不能的风险。因此，德国法的处理方式对第三取得人更为有利，即赵先生，且此种做法并不考虑第三人善意与否。通过考虑第三取得人的善意，奥地利法上的处理方式似乎在不同的利益主体之间实现了更好的平衡。

案例四

王女士欲将其明代晚期花瓶的复制品以5 000元的价格卖给李先生。李先生表示同意并从王女士处接受给付，同时承诺在一周后付款。十日后，王女士催促李先生在未来五日内付款，并声明如其未在规定时间内收到价款将解除合同。李先生并未及时付款。 **239**

1. 李先生仍占有该花瓶。
2. 李先生以5 000元的价格将该花瓶卖给了赵先生，并且将该款项偿付了其债权人。

本案中，合同本身无任何问题，双方之间并不缺少合意且在缔约时也不存在错误。此种情形"仅"是对有效合同的不履行。由于李先生迟延给付价款，在王女士给予李先生的支付宽限期经过之后，其有权解除合同（《奥地利普通民法典》第918条）。由于合同订立本身不存在任何缺陷，因不 **240**

履行的解除——与基于错误的撤销不同——并不会使合同自始无效。因此,李先生取得所有权,并且合同解除仅产生将所有权转移回出卖人的义务,即要求将合同标的物交付给出卖人。因此,因不履行的合同解除对于物权并无直接的影响。① 因此,在第一种情形下,王女士仅享有不当得利请求权,即依据不当得利规则向李先生主张转移所有权。在第二种情形下,即便王女士有此权利,其请求也会失败,因为李先生不再处于返还花瓶的地位,王女士只能主张金钱的支付。

在合同解除情形,奥地利法的处理方法与德国法并无不同,王女士仅依不当得利规则享有请求权,而与买卖合同未履行的理由无关。依据两国法律,因不履行而解除合同对物权均无直接影响。

---

① *Iro*, Sachenrecht⁵ no. 6/37; *G. Koziol/H. Koziol*, Der Erwerb urheberrechtlicher Lizenzen zwischen Kausalitäts-, Abstraktions-und Einheitsprinzip, in: Festschrift Griss (2011) 446 ff.

参考文献

一、教材及专著

Apathy (ed.), Bürgerliches Recht, Verlag Österreich, Wien.

Vol. I: *P. Bydlinski*, Allgemeiner Teil, 6th ed. 2013 (cited: *P. Bydlinski*, Allgemeiner Teil[6]).

Vol. II: *Dullinger*, Schuldrecht Allgemeiner Teil, 5th ed. 2014 (cited: *Dullinger*, Schuldrecht Allgemeiner Teil[5]).

Vol. III: *Apathy/Riedler*, Schuldrecht Besonderer Teil, 5th ed. 2015 (cited: *Apathy/Riedler*, Schuldrecht Besonderer Teil[5]).

Vol. IV: *Iro*, Sachenrecht, 5th ed. 2013 (cited: *Iro*, Sachenrecht[5]).

Vol. V: *Kerschner*, Familienrecht, 5th ed. 2013 (cited: *Kerschner*, Familienrecht[5]).

Vol. VI: *Eccher*, Erbrecht, 5th ed. 2014 (cited: *Eccher*, Erbrecht[5]).

Vol. VII: *Lurger/Melcher*, Internationales Privatrecht, 2013 (cited: *Lurger/Melcher*, Internationales Privatrecht).

Bu, Einführung in das Recht Chinas, 2009, C. H. Beck München.

F. Bydlinski, Grundzüge der juristischen Methodenlehre, 2nd ed. 2012, facultas. wuv Universitätsverlag Wien.

F. Bydlinski, System und Prinzipien des Privatrechts, 1996, Verlag Österreich, Wien.

Hausmaninger, The Austrian Legal System, 4th ed., 2014, Manz Verlag Wien.

Hinteregger/Ferrari, Familienrecht, 7th ed. 2015, Verlag Österreich, Wien.

Koziol (ed.), Basic Questions of Tort Law from a Comparative Perspective, 2015, Jan Sramek Verlag Wien.

Koziol, Basic Questions of Tort Law from a Germanic Perspective, 2012, Jan Sramek Verlag Wien (cited: *Koziol*, Basic Questions).

Koziol/Welser/Kletečka, Bürgerliches Recht vol. I, 14th ed. 2014, Manz Verlag Wien (cited: *Koziol/Welser/Kletečka*, Bürgerliches Recht I[14]).

Welser/Zöchling-Jud, Bürgerliches Recht vol. II, 14th ed. 2015, Manz Verlag Wien (cited: *Welser/Zöchling-Jud*, Bürgerliches Recht II[14]).

Koziol, Österreichisches Haftpflichtrecht vol. I, 3rd ed. 1997, Manz Verlag Wien (cited: *Koziol*, Haftpflichtrecht I[3]).

Koziol, Österreichisches Haftpflichtrecht vol. II, 2nd ed. 1984, Manz Verlag Wien (cited: *Koziol*, Haftpflichtrecht II[2]).

Koziol/Apathy/B. A. Koch, Österreichisches Haftpflichtrecht vol. III, 3rd ed. 2015, Jan Sramek Verlag Wien (cited: *Koziol/Apathy/B. A.*

Koch, Haftpflichtrecht III³).

Posch, Contract Law in Austria, 2015, Kluwer Law International, The Netherlands.

二、评注

Koziol/Bydlinski/Bollenberger (eds.), Kurzkommentar zum ABGB, 4th ed. 2014, Verlag Österreich, Wien (cited: *Author* in Koziol/Bydlinski/Bollenberger, ABGB⁴).

Rummel (ed.), Kommentar zum Allgemeinen bürgerlichen Gesetzbuch, 3rd ed., vol. I 2000, vol. II/1 2002, vol. II/2 2002, Manz Verlag Wien (cited: *Author* in Rummel, ABGB³).

Schwimann/Kodek, (eds.), ABGB Praxiskommentar, 4th ed., vol. I 2012, vol. II 2012, vol. III 2013, vol. IV 2014, vol. V 2014, LexisNexis Verlag Wien (cited: *Author* in Schwimann/Kodek, ABGB⁴).

Schwimann, (ed.), ABGB Praxiskommentar, 3rd ed., vol. VI 2006, vol. VII 2005, LexisNexis Verlag Wien (cited: *Author* in Schwimann, ABGB³).

缩略语表

ABGB	Allgemeines bürgerliches Gesetzbuch JGS 1811/946 (Austrian Civil Code)《奥地利普通民法典》
Art.	Article 条
BGB	Bürgerliches Gesetzbuch (German Civil Code)《德国民法典》
BGBl.	Bundesgesetzblatt für die Republik Österreich (Austrian Federal Law Gazette)《奥地利联邦法律公报》
cf.	confer, compare 参见
CTL	Tort Liability Law of the People's Republic of China《中华人民共和国侵权责任法》
ed(s).	editor(s) 编者
e.g.	exempli gratia (for example) 例如
et al.	et alii (and others) 等人
f., ff.	following page, following pages 及下页,及以下数页
FS	Festschrift (Commemorative Publication) 纪念文集
i.e.	id est (that is) 即

JBl	Juristische Blätter《法学杂志》
JETL	Journal of European Tort Law《欧洲侵权法杂志》
MR	Medien und Recht《媒体与法律》
no.	Number 边码；项
NZ	Österreichische Notariats-Zeitung《奥地利公证报》
ÖBA	Österreichisches BankArchiv《奥地利银行档案》
OGH	Oberster Gerichtshof（Austrian Supreme Court）奥地利最高法院
ÖJT	Österreichischer Juristentag《奥地利法学家大会》
Sec.	Section 条
Vol.	Volume 卷
ZEuP	Zeitschrift für Europäisches Privatrecht《欧洲私法杂志》

法律人进阶译丛

⊙ 法学启蒙

《法律研习的方法：作业、考试和论文写作（第10版）》，〔德〕托马斯·M.J.默勒斯 著，2024年出版

《如何高效学习法律（第8版）》，〔德〕芭芭拉·朗格 著，2020年出版

《如何解答法律题：解题三段论、正确的表达和格式（第11版增补本）》，〔德〕罗兰德·史梅尔 著，2019年出版

《法律职业成长：训练机构、机遇与申请（第2版增补本）》，〔德〕托尔斯滕·维斯拉格 等著，2021年出版

《法学之门：学会思考与说理（第4版）》，〔日〕道垣内正人 著，2021年出版

⊙ 法学基础

《法律解释（第6版）》，〔德〕罗尔夫·旺克 著，2020年出版

《法律推理：普通法上的法学方法论》，〔美〕梅尔文·A.艾森伯格 著，待出版

《法理学：主题与概念（第3版）》，〔英〕斯科特·维奇 等著，2023年出版

《基本权利（第8版）》，〔德〕福尔克尔·埃平 等著，2023年出版

《德国刑法基础课（第7版）》，〔德〕乌韦·穆尔曼 著，2023年出版

《刑法分则I：针对财产的犯罪（第21版）》，〔德〕伦吉尔 著，待出版

《刑法分则II：针对人身与国家的犯罪（第20版）》，〔德〕伦吉尔 著，待出版

《民法学入门：民法总则讲义·序论（第2版增订本）》，〔日〕河上正二 著，2019年出版

《民法的基本概念（第2版）》，〔德〕汉斯·哈腾豪尔 著，待出版

《民法总论》，〔意〕弗朗切斯科·桑多罗·帕萨雷里 著，待出版

《德国民法总论（第44版）》，〔德〕赫尔穆特·科勒 著，2022年出版

《德国物权法（第32版）》，〔德〕曼弗雷德·沃尔夫 等著，待出版

《德国债法各论（第16版）》，〔德〕迪尔克·罗歇尔德斯 著，2024年出版

⊙ 法学拓展

《奥地利民法概论：与德国法相比较》，〔奥〕伽布里埃·库齐奥 等著，2019年出版

《所有权的终结：数字时代的财产保护》，〔美〕亚伦·普赞诺斯基 等著，2022年出版

《合同设计方法与实务（第3版）》，〔德〕阿德霍尔德 等著，2022年出版

《合同的完美设计（第5版）》，〔德〕苏达贝·卡玛纳布罗 著，2022年出版

《民事诉讼法（第4版）》，〔德〕彼得拉·波尔曼 著，待出版
《德国消费者保护法》，〔德〕克里斯蒂安·亚历山大 著，2024年出版
《公司法的精神：欧陆公司法的核心原则》，〔德〕根特·H.罗斯 等 著，2024年出版
《日本典型担保法》，〔日〕道垣内弘人 著，2022年出版
《日本非典型担保法》，〔日〕道垣内弘人 著，2022年出版
《担保物权法（第4版）》，〔日〕道垣内弘人 著，2023年出版
《日本信托法（第2版）》，〔日〕道垣内弘人 著，2024年出版
《医师法讲义》，〔日〕大谷实 著，2024年出版

⊙ 案例研习

《德国大学刑法案例辅导（新生卷·第三版）》，〔德〕埃里克·希尔根多夫 著，2019年出版
《德国大学刑法案例辅导（进阶卷·第二版）》，〔德〕埃里克·希尔根多夫 著，2019年出版
《德国大学刑法案例辅导（司法考试备考卷·第二版）》，〔德〕埃里克·希尔根多夫 著，2019年出版
《德国民法总则案例研习（第5版）》，〔德〕尤科·弗里茨舍 著，2022年出版
《德国债法案例研习I：合同之债（第6版）》，〔德〕尤科·弗里茨舍 著，2023年出版
《德国债法案例研习II：法定之债（第3版）》，〔德〕尤科·弗里茨舍 著，待出版
《德国物权法案例研习（第4版）》，〔德〕延斯·科赫、马丁·洛尼希 著，2020年出版
《德国家庭法案例研习（第13版）》，〔德〕施瓦布 著，待出版
《德国劳动法案例研习：案例、指引与参考答案（第4版）》，〔德〕阿博·容克尔 著，2024年出版
《德国商法案例研习（第3版）》，〔德〕托比亚斯·勒特 著，2021年出版
《德国民事诉讼法案例研习：审判程序与强制执行（第3版）》，〔德〕多萝特娅·阿斯曼 著，2024年出版

⊙ 经典阅读

《法学方法论（第4版）》，〔德〕托马斯·M.J.默勒斯 著，2022年出版
《法学中的体系思维与体系概念（第2版）》，〔德〕克劳斯-威廉·卡纳里斯 著，2024年出版
《法律漏洞的确定（第2版）》，〔德〕克劳斯-威廉·卡纳里斯 著，2023年出版
《欧洲合同法（第2版）》，〔德〕海因·克茨 著，2024年出版
《民法总论（第4版）》，〔德〕莱因哈德·博克 著，2024年出版
《合同法基础原理》，〔美〕麦尔文·A.艾森伯格 著，2023年出版
《日本新债法总论（上下卷）》，〔日〕潮见佳男 著，待出版
《法政策学（第2版）》，〔日〕平井宜雄 著，待出版